Sonja Vieten
Einblick in das Studium der Geographie

Studenten vermitteln Inhalte ihres Fachs

Einblick in das Studium der
Geographie

Sonja Vieten

OPS-Verlag

Die Deutsche Bibliothek – CIP Einheitsaufnahme

Vieten, Sonja:
Einblick in das Studium der Geographie / Sonja Vieten. – München :
OPS-Verl., 2000
ISBN 3-930487-18-7

© OPS Verlagsgesellschaft mbH
Layout, Satz, Grafik: OPS
Druck: freiburger graphische betriebe

Inhalt

Vorwort 9

A. Inhalte des Studiums 13

1. Einführung 15
1.1 Was ist Geographie? 15
1.2 Die Geographie im Gefüge ihrer Nachbardisziplinen 18

2. Die Teilgebiete der Allgemeinen Geographie 19
2.1 Anthropogeographie 19
2.1.1 Bevölkerungsgeographie 20
2.1.2 Siedlungsgeographie 22
2.1.3 Stadtgeographie 24
2.1.4 Wirtschaftsgeographie 27
2.1.5 Agrargeographie 31
2.1.6 Industriegeographie 35
2.1.7 Geographie des tertiären Sektors 37
2.1.8 Verkehrsgeographie 40
2.1.9 Geographie der Freizeit und des Tourismus 42
2.2 Physische Geographie 45
2.2.1 Klimageographie 46
2.2.2 Geomorphologie 48
2.2.3 Hydrogeographie 51
2.2.4 Bodengeographie 54
2.2.5 Vegetationsgeographie 55
2.2.6 Tiergeographie 57
2.2.7 Geoökologie und Landschaftsökologie 60
2.3 Methoden 62
2.3.1 Kartographie und Computerkartographie 63
2.3.2 Geographische Informationssysteme (GIS) 66
2.3.3 Fernerkundung und Photogrammetrie 67
2.3.4 Geostatistik 69
2.3.5 Geländearbeit 71
2.3.6 Laborarbeit 73

2.3.7	Anthropogeographisches Raum-Verständnis und Arbeitsmethoden	74
2.4	Regionale Geographie	79
2.5	Geographie und ihre Didaktik	82
2.6	Angewandte Geographie	84
B.	**Wissenswertes rund ums Studium**	87
1.	**Studium in der Praxis: Stellungnahmen von Absolventen**	89
2.	**Fakten zum Studium**	93
2.1	Studienvoraussetzungen	93
2.1.1	Allgemeine und fachspezifische Voraussetzungen	93
2.2	Studiengänge: Welche Wege führen zum Studienabschluss?	95
2.2.1	Studiengang »Lehramt«	96
2.2.2	Studiengang »Magister Artium« (M.A.)	97
2.2.3	Studiengang »Diplom«	99
2.2.4	Tipps zum Aufbau des Studiums	99
2.2.5	Neue Studiengänge: »Bachelor« und »Master«	101
2.2.6	Das Promotionsstudium	103
2.3	Veranstaltungsformen	104
2.3.1	Vorlesung	104
2.3.2	Seminar	105
2.3.3	Übung	107
2.3.4	Tutorium	107
2.3.5	Kolloquium	107
2.3.6	Exkursion	108
2.3.7	Praktikum	108
2.4	Leistungsnachweise: Welche Hürden sind zu nehmen?	109
2.4.1	Scheine	109
2.4.2	Prüfungen	109
3.	**Studienorganisation, Studienanforderungen**	113
3.1	Immatrikulation	113
3.2	Rückmeldung	114
3.3	Beurlaubung	114
3.4	Exmatrikulation	114
3.5	Weitere studienrelevante Begriffe und Informationen	115

4. Handwerkszeug und Hilfsmittel für das Studium 116
4.1 Bibliographieren 116
4.2 Eine Seminararbeit erstellen 117
4.3 Referate erstellen – halten – diskutieren 118
4.4 Arbeitsgruppen bilden 119
4.5 Lernen für Klausuren 120

5. Orientierungshilfen, Kontaktmöglichkeiten, Studentengruppen 121
5.1 Allgemeine Studienberatung 121
5.2 Fachstudienberatung 121
5.3 Orientierungsveranstaltungen 121
5.4 Fachschaft 122
5.5 Hochschulpolitische Gruppen 122
5.6 AStA (Allgemeiner Studierendenausschuss) 123
5.7 Studierendensekretariat 123
5.8 Studentenwerk 124
5.9 Andere studentische Einrichtungen 124
5.9.1 Studentische Hochschulgemeinden 124
5.9.2 Hochschulsport 125

6. Hilfestellungen für die Studienzeit 126
6.1 Wie kann ich das Studium finanzieren? 126
6.1.1 Private und öffentliche Stipendien 126
6.1.2 Staatliches Stipendium: BAföG (Bundesausbildungsförderungsgesetz) 129
6.1.3 Selbst Geld hinzuverdienen 129
6.2 Was die Chancen auf dem Arbeitsmarkt verbessern kann 130
6.2.1 Das berufskundliche Praktikum 133
6.2.2 Das Auslandstudium 136
6.2.3 Ferienjobs und Arbeit im Ausland 137

7. Berufliche Möglichkeiten 138

Index 141

Vorwort

Werden Studierende der Geographie nach ihrem Studienfach befragt, ernten sie bei der Antwort meist erstaunte Reaktionen bzw. werden mit falschen Vorstellungen oder weitreichender Unkenntnis über dieses Fach konfrontiert. Viele kennen die Geographie nur als Schulfach und verbinden den Beruf des Geographen lediglich mit dem des Erdkundelehrers. Andere meinen, die Geographie habe mit dem Verschwinden der letzten »weißen Flecke« auf den Landkarten ohnehin ihre Daseinsberechtigung verloren. Reise- und Abenteuerfilme dagegen wecken unter dem Deckmantel der Geographie romantische Vorstellungen im Sinne von »Menschen, Länder, Abenteuer«; die Geographie als Synonym für den Zauber von Dschungel, Prärie, Packeis, Vulkanausbrüchen oder Südseestränden.

In »besser informierten Kreisen« ordnet man den Geographen dann zuweilen auch noch dem grünen Spektrum zu: Der Geograph, der als »Öko-Mensch« dem »gestandenen« Biologen die Umwelt streitig zu machen sucht, aufgrund seiner Kenntnisse in planerischen Belangen dem Stadtplaner das Wasser abgräbt oder durch sein Wissen um die Auswirkungen einer Industrieansiedlung in einem urbanen Raum dem Wirtschaftswissenschaftler ins Gehege kommt.

Diese Vorstellungen vom Fach Geographie spiegeln die allgemeine Unkenntnis über Studienmöglichkeiten und -inhalte, Berufspotentiale und tatsächliche Aufgaben eines ganzen Berufsstandes wider.

Ein nicht geringer Teil der Studierenden selbst sieht in der Geographie meist ebenfalls nur ein leicht studierbares Fach, das sich ohne übermäßigen Lernaufwand mit den »eigentlich bedeutsamen Fächern« wie Biologie, Chemie oder Mathematik kombinieren lässt. Diese Haltung stammt in vielen Fällen noch aus der Schulzeit, wo die vermeintliche Prioritätenliste der Fächer durch Eltern, Lehrer und andere »Lebensberater« festgeschrieben wurde.

Wieder andere gehen bei der Fächerwahl eher von den eigenen (durchaus schon in der Schule entwickelten) Interessen aus und studieren, was ihnen Spaß macht – in vielen Fällen ohne konkrete Vorstellungen über persönliche berufliche Ziele. Sie ignorieren zunächst jede Arbeitsmarktlage und berufliche Chancen und verfolgen – dann aber mit viel Energie, Freude und Ausdauer – einen Weg, der zunächst nur durch *Interesse und Neugier* bestimmt wird. Nach Meinung der Autorin stehen diesen Kommilitonen letztlich die meisten beruflichen Wege offen, da sie über *persönliches Engagement* zu einer Qualifikation gelangen, die »Dünnbrettbohrer« (einschließlich aller, die nur deshalb Geographie studieren, weil sie an anderen Hochschuldisziplinen noch viel weniger Interesse haben) nur in den seltensten Fällen erreichen werden. Die *Liebe zum Fach* kann dem Absolventen nicht nur den Weg in eine befriedigende Beschäftigung ermöglichen, sondern auch Motor für das Verfolgen zahlreicher weiterer Interessen sein. Die Vielfältigkeit der Geographie bietet hier etliche Möglichkeiten, einen sehr individuellen beruflichen, vielleicht auch privaten Weg zu gehen.

Da Geographen – wie viele Berufsgruppen in den Geistes- und Sozialwissenschaften auch – den (berechtigten oder unberechtigten) Ruf genießen, »Generalisten« zu sein, werden ihre speziellen Qualifikationen und Fähigkeiten oft verkannt. Ein geringerer Bekanntheitsgrad (vor allem bei potentiellen Arbeitgebern), gepaart mit einer bis dato nur unzureichend betriebenen Öffentlichkeitsarbeit von Seiten des Faches, verengen die beruflichen Perspektiven auf dem heimischen Arbeitsmarkt erheblich und erschweren den Absolventen den Zugang zu diesem. Dies scheint in Anbetracht folgender Umstände unverständlich: Gerade Geographen sind aufgrund ihrer breitgefächerten Ausbildung in der Lage, komplexe Sachverhalte, Probleme und Entwicklungschancen zu analysieren und sich in unterschiedlichste Materien einzuarbeiten. Sie erfassen *Zusammenhänge* mit einem für räumliche Bezüge geschärften Blick und können durch Spezialisierungen wesentliche Qualifikationen – beispielsweise für Querschnittsaufgaben – dem Arbeitsmarkt zur Verfügung stellen.

Der Geographie ist eine starke Vernetzung sowohl innerhalb der Geistes- und Sozialwissenschaften wie auch der Naturwissenschaften immanent. Gerade diese Verknüpfung von Human- und Naturwissenschaft verleiht der Geographie, ähnlich wie der Psychologie, im Kanon der Wissenschaften eine herausragende Position, denn die drängenden Probleme unserer Zeit ranken sich in vielen Fällen um die so genannte »Mensch-Umwelt-Beziehung«, oder, noch etwas weiter gegriffen, um den funktionalen Zusammenhang »*Natur-Mensch-Technik*«. Nur ein geschärfter Blick für die außerordentliche Komplexität dieses Gefüges verspricht eine adäquate Problemlösungskompetenz.

Intention dieses Buches ist es, bereits Oberstufen-Schülern, Studienanfängern sowie Berufsberatern, Eltern und sonstigen am Fach und seinen Inhalten Interessierten einen ersten *Einblick* in das Studium der Geographie zu vermitteln und ihnen eine Orientierungshilfe im Fächerdschungel zu verschaffen. Es liegt weder in der Absicht der Autorin noch dieser Buchreihe, ein umfassendes wissenschaftliches Werk vorzulegen, vielmehr hat das Büchlein einen stark *berufskundlichen Charakter*. Es soll die Möglichkeit gegeben werden, schon bereits vor Studienbeginn in ein Fach »hineinzuschnuppern« (eben *Einblick* zu nehmen) und auszuloten, ob man sich für oder gegen eine Einschreibung entscheiden wird. Ferner ist beabsichtigt, einer weiten Öffentlichkeit ein möglichst realitäts- wie zeitnahes Bild sowohl des Studienfaches als auch der späteren beruflichen Möglichkeiten an die Hand zu geben.

Das Buch beinhaltet in **Teil A** fachbezogene Informationen, die das Studium aus der Sicht einer Studierenden schildern. Hier werden fachliche Grundlagen in möglichst verständlicher Sprache vorgestellt, Denkweisen und Arbeitsansätze des Fachs erläutert und Fragen aufgeworfen, mit denen sich die Geographie beschäftigt. Es wird auf die wichtigsten Teilgebiete der Geographie eingegangen und eine konzentrierte Darstellung des Lehrstoffs geboten, mit dem sich der Studierende während des Studiums auseinanderzusetzen hat.

Es sei betont, dass der vorliegende *Einblick* keinesfalls das gesamte Spektrum des Faches erfassen kann und somit eine möglichst sinnvolle Auswahl von Seiten der Autorin notwendig war, die aus streng wissenschaftlicher Sicht durchaus angefochten werden könnte. Das Buch erhebt keinen wissenschaftlichen Anspruch, sondern soll dem (Noch-)Laien einen ersten Zugang zum Fach und zum Uni-Alltag ermöglichen.

Dieses Buch stellt primär einen Erfahrungsbericht dar, der aus den Eindrücken *eines* Studiums an *einer* speziellen Universität in Deutschland entstanden ist. Die hier getroffenen Aussagen sollten jeoch auch weitgehend für die übrigen deutschsprachigen Geographischen Institute gelten.

Teil B befasst sich mit allem Wissenswerten rund um das Studium. Informationen über Aufbau, Organisation, Handwerkszeug und wichtige Hilfestellungen sollen dem Leser den Start in das Uni-Leben transparenter machen und erleichtern. Ferner wird ein Ausblick auf mögliche berufliche Tätigkeitsfelder gegeben.

Zum Schluss sei noch eine Anmerkung zum geschlechtsspezifischen Wortgebrauch gemacht: Im Folgenden wird durchgehend von »Geographen«, »Dozenten«, »Professoren« etc. die Rede sein. Selbstverständlich sollen sich auch hier alle Leser*innen* angesprochen fühlen, obwohl mit Hinblick auf einen möglichst angenehmen Lesefluss auf alle Doppelungen bzw. »-in«-Anhängsel verzichtet wurde. In der Hoffnung, die Lesefreude dadurch nicht zu trüben, sei bemerkt, dass mindestens die Hälfte aller Studierenden des Faches Frauen sind (was bei der Dozentenschaft leider bisher noch nicht der Fall ist) und dieses Werk ebenfalls von einer Frau verfasst wurde!

Mit diesem Büchlein möchte ich ein Dankeschön an meine Erdkunde-Lehrerin in der gymnasialen Oberstufe richten, die mich durch ihren mit viel Engagement gestalteten Unterricht für das Fach und seine Fragestellungen so begeistern konnte, dass ich mich entschloss, die Geographie zu meinem Beruf zu machen.

Februar 2000 Sonja Vieten

A.
Inhalte des Studiums

1. Einführung

1.1 Was ist Geographie?

> »Was ist das für ein dickes Buch?« sagte der kleine Prinz. »Was machen Sie da?«
> »Ich bin ein Geograph«, sagte der alter Herr.
> »Was ist das, ›ein Geograph‹?«
> »Das ist ein Gelehrter, der weiß, wo sich die Meere, die Ströme, die Städte, die Berge und die Wüsten befinden.«
> »Das ist interessant«, sagte der kleine Prinz. »Endlich ein richtiger Beruf!«
>
> (aus: Antoine de Saint-Exupéry, *Der kleine Prinz*)

Unbestreitbar herrschen über die Geographie – sowohl als Studienfach, wie auch als Beruf – sehr unklare Meinungen, die es auch dem Abiturienten erschweren, seine individuellen Wünsche und Erwartungen mit den tatsächlichen Studieninhalten und Anforderungen zu vergleichen. Daher muss zunächst einmal die wichtigste Frage vorausgeschickt und beantwortet werden: *Was ist eigentlich Geographie?*

Befragt man Studierende, Hochschuldozenten oder Praktiker dieses Faches, wird rasch deutlich, dass es *eine* Geographie im Grunde gar nicht gibt. Angesiedelt zwischen Geistes- und Sozialwissenschaften auf der einen und Naturwissenschaften auf der anderen Seite, ergibt sich ein *breites Spektrum an Teilbereichen*, das mit Recht den Verdacht aufkommen lässt, die Geographie sei eine Art »Bindestrich-Wissenschaft«: Jeder Lebensbereich (z. B. Religion, Verkehr, Politik) scheint sich mühelos per Bindestrich vor das Wort Geographie setzen zu lassen. Doch was ist wirklich das Wesen der Geographie und wie hat es sich entwickelt?

Die Geographie reicht als eine der wenigen Wissenschaften in ihren Anfängen in die ältesten Zeiten menschlichen Bemühens um das Verstehen des eigenen Daseins und der Umwelt zurück. Erste Örtlichkeits-, später auch Länder- und Erdteilbeschreibungen der »Terra incognita« sind bereits aus den altchinesischen Reichen und der antiken Kulturwelt des Mittelmeerraumes bekannt. Die ersten »Geographen«, Gelehrte der Antike, beschäftigten sich mit Vermessungen der ihnen bekannten Erdteile, topographischen Beschreibungen oder kartographischen Arbeiten. Man versuchte, neben einer reinen Deskription z. B. von Einzigartigkeiten (*idiographischer Ansatz*) der Umwelt auch erstmals Ursachen und Wirkungen sowie Gesetzmäßigkeiten (*nomothetischer Ansatz*) zu identifizieren. Man ergründete den Einfluss der Natur und der Himmelskörper auf das menschliche Dasein.

Durch Erdmessungen, Berechnungen, Kartographie und Physik erlangte die Geographie zunächst den Status einer »mathematischen Geographie«.

Bereits in der Antike, verstärkt aber eigentlich erst im Verlaufe des 18. Jahrhunderts, zeichnete sich eine erste Gliederung in der Geographie ab. Es kam zu einer Weiterentwicklung von Fachinhalten, welche zu Spezialisierungen führten. Man unterschied die *Allgemeine* und die *Spezielle*, d. h. *Regionale Geographie* voneinander. Die allgemeine Geographie wurde sehr lange weniger unter dem Gesichtspunkt der Entwicklung einer wissenschaftlichen Disziplin betrachtet, sondern vielmehr als eine *Historie der Entdeckungsreisen*. Alexander von Humboldt begründete – ebenso wie sein Zeitgenosse Carl Ritter – in der ersten Hälfte des 19. Jahrhunderts eine neue Geographie und sammelte durch bedeutsame Reisen nicht nur vielfältige Eindrücke, sondern gewann darüber hinaus auch geographische Erkenntnisse im Sinne einer geistigen Durchdringung der Zusammenhänge von Naturphänomenen und den von Menschen geschaffenen Werken. Man begann mit einem methodischen Ausbau der Allgemeinen Geographie, mit der *Einrichtung erster Lehrstühle* an den Universitäten, der Gründung Geographischer Gesellschaften und dem systematischen Sammeln von Forschungsergebnissen. Carl Ritter bekleidete die erste Professur für Geographie in Deutschland. Er gilt als Begründer der Fachwissenschaft Geographie und entwickelte entscheidende Methoden zur Verarbeitung geographischen Wissens.

Das Hauptgewicht in dieser Zeit lag eindeutig auf der naturwissenschaftlichen Seite. Erst mit Friedrich Ratzel nahm der Aufbau einer »*Geographie des Menschen*« seinen Lauf. Zwar hatte auch Ratzel, ähnlich wie von Humboldt und Ritter, den Gesamtaspekt der Geographie vor Augen, verfolgte aber mit Energie nun den Aufbau einer *Anthropogeographie*.

Die lange Dominanz der naturwissenschaftlich orientierten Geographie ist einerseits durch die allgemeine naturwissenschaftliche Vorliebe der Epoche zu erklären, andererseits war ihr markantester Vertreter, Ferdinand von Richthofen, stark in der *Geomorphologie* beheimatet.

Auch wenn Persönlichkeiten wie Albrecht Penck noch einmal das Gewicht auf die Geomorphologie legten, führten Gelehrte wie Siegfried Passarge und Otto Schlüter die Anthropogeographie zu einer Gleichwertigkeit innerhalb der Wissenschaft. Schließlich wurde die Landschaft als das Hauptanliegen der Geographie betrachtet. Die einseitige Ausrichtung des Faches galt als überwunden. Die Einheit des Faches wird zwar bis heute postuliert, fällt aber vielfach immer noch den Interessenskonflikten ihrer Vertreter zum Opfer.

Die Geographie stellt sich gegenwärtig als eine moderne *Raumwissenschaft*, als eine *gesellschaftsbezogene Umweltwissenschaft* dar. Sie beschäftigt sich mit der Erdoberfläche und den sich darauf befindlichen Objekten, ihren räumlichen Mustern sowie ihrem funktionalen Zusammenspiel und ihrer Entwicklung.

Die Geographie trägt insbesondere zum Verständnis der Beziehung Mensch-Umwelt (»Geographie als Beziehungswissenschaft«) bei und verfolgt diese in ihrer zeitlichen und räumlichen Entwicklung. Der Mensch hat in der Vergangenheit mit Hilfe von Technik und den modernen Naturwissenschaften zwar viel über die Details seiner Umwelt in Erfahrung gebracht, das *System Mensch-Umwelt* aber birgt noch etliche Unbekannte. Gerade hier kann die Geographie als integratives (ganzheitliches, umfassendes) Fach einen wesentlichen Beitrag leisten.

Aufgekommen mit der Diskussion um eine »*nachhaltige Entwicklung*« (»*sustainable development*«, »*sustainability*«) als ein Ergebnis der Umweltkonferenz von Rio de Janeiro im Jahre 1992, ergab sich zunehmend die Forderung nach einer vernetzten, alle Faktoren (Ökologie, Soziales und Wirtschaft) im Hinblick auf eine lebenswerte Zukunft berücksichtigenden Denk- und Arbeitsweise. Die Geographie kann diesem (derzeit erfreulicherweise »im Trend« liegenden) Anspruch bereits aus ihrer Tradition heraus genügen.

Zu den geographischen Kompetenzen gehören mit Sicherheit folgende Qualitäten: Räumlicher Bezug, ganzheitliche Konzeption, Problemorientierung und Anwendungsbezug, gesellschaftliche Relevanz sowie ein breites und vielfältig einsetzbares Methodenspektrum.

Die Geographie ist wie vielleicht keine andere Wissenschaft in der Lage, dem Menschen neben einer Orientierung in der heutigen Welt ein sachkompetentes Urteilsvermögen und vor allem ein aus der Erkenntnis heraus geborenes Verantwortungsgefühl gegenüber der Gesellschaft und ihrer Umwelt zu vermitteln. Die Geographie ist und bleibt ein Bildungsfach von zukunftsweisender Bedeutung!

Formal lässt sich das Fach in eine *Allgemeine Geographie* (Teilbereiche sind die *Anthropogeographie* und die *Physischen Geographie*) und eine *Regionale Geographie* unterteilen. Hinzu treten die *Didaktik der Geographie*, die *Angewandte Geographie* und die fachspezifischen Arbeitsmethoden.

1.2 Die Geographie im Gefüge ihrer Nachbardisziplinen

Die Geographie ist in ein Beziehungsgeflecht von wissenschaftlichen Disziplinen eingebunden, woraus sich thematisch eine Vielzahl von interessanten Überschneidungen ergibt. Als unmittelbare Nachbardisziplinen können u. a. genannt werden: Geologie, Mineralogie, Geophysik, Geochemie, Meteorologie, Biologie, Landespflege, Stadtplanung, Raumplanung, Wirtschaftswissenschaften, Geschichte, Anthropologie, Ethnologie, Archäologie, Soziologie, Politikwissenschaft, Geodäsie, Photogrammetrie, Bauingenieurwesen etc. Bedingt durch die angewandte (d. h. praxisorientierte) Arbeit, die die Geographie neben der wissenschaftlichen Forschung leistet, kommt es auch zu Überschneidungen mit nutzungsorientierten Fächern wie Landespflege, Forstwirtschaft oder Agrarwirtschaft etc.

Die Geographie bedient sich einer Reihe von Methoden aus diesen anderen, nicht-geographischen Wissenschaften, die zwar teilweise am gleichen Gegenstand forschen (z. B. Botanik, Geologie etc.), aber nicht wie die Geographie funktionale Zusammenhänge der einzelnen Aspekte und deren räumliche Auswirkungen ergründen.

Die geographische Arbeit unterliegt vielfach der Kritik, dass ihre Vertreter mit den unterschiedlichsten Themen beschäftigt sind, sich dabei hochspezialisieren, aber den Blick für das Ganze, für das Fach verlieren. Im Sinne der oben genannten Aufgaben und Ziele der Geographie, kann es deshalb nicht im Interesse des Faches sein, solche Tendenzen zu fördern. Spezialisierung ja, aber ein Geograph muss immer auch in der Lage sein, eine Einordnung in einen größeren, umfassenderen geographischen Bezugsrahmen vorzunehmen.

Praktische Beispiele für die vielfältigen Verknüpfungen von Geographie mit ihren Nachbardisziplinen werden in den jeweiligen Kapiteln zu den Teilbereichen sowie den Methoden des Faches angeführt.

2. Die Teilgebiete der Allgemeinen Geographie

2.1 Anthropogeographie

Die Anthropogeographie, auch unter den Bezeichnungen *Kulturgeographie*, *Geographie des Menschen* oder *Humangeographie* geführt, stellt den Menschen und seine vielfältigen Beziehungen zu seiner Umwelt in den Mittelpunkt der Betrachtung. Durch die (bedrückende) Erkenntnis, dass es natürliche Landschaften nur noch sehr vereinzelt – heute fast gar nicht mehr – gibt und die meisten Landschaften stark anthropogen überformt sind, entwickelte sich die anthropogeographische Forschung rasch in größerem Umfange. Von Interesse ist die Beziehung zwischen Mensch und Natur sowie Gesellschaft und Raum und ihre Auswirkungen. Ferner betrachtet man die räumliche, vom Menschen geschaffene Differenzierung der Erdoberfläche.

Die Anthropogeographie präsentiert sich als der geistes- und sozialwissenschaftlich orientierte Zweig der Geographie.

Ebenso wie die Physische Geographie betrachtet sie im Prinzip verschiedene raumrelevante Gegenstandsbereiche, z. B. die Wirtschaft, den Verkehr, die Bevölkerung, die Siedlung, die Religion oder die Politik. Die wichtigsten und in der Lehre am häufigsten vertretenen Bereiche der Anthropogeographie werden in den nachfolgenden Kapiteln genauer beschrieben.

Alle Teilbereiche der Anthropogeographie beschreiben Bestandteile eines Beziehungsgefüges, eines Systems, und es ergeben sich die vielfältigsten inhaltlichen Überschneidungen, um den gesellschaftlichen Entwicklungen und Erfordernissen in möglichst dienlichem Umfange gerecht werden zu können.

Folgende Fragestellungen stehen bei der anthropogeographischen Betrachtungsweise u. a. im Vordergrund:

- Die Frage nach dem *Standort*: Wie bilden sich menschliche Aktivitäten als Standorte (z. B. Betriebsstandorte, Siedlungsstandorte etc.) im Raum aus?

- Die Frage nach der *räumlichen Verbreitung*: Welche Verbreitungsmuster entstehen? Wodurch werden sie beeinflusst?

- Die Frage nach *räumlichen Verflechtungen*: Welche Verflechtungen und Wechselwirkungen ergeben sich zwischen den Standorten?

- Die Frage nach den unterschiedlichen *Entwicklungen*: Warum entwickeln sich manche Räume der Erde anders als andere? Welche Standorttypen lassen sich dabei unterscheiden?

- Die Frage nach *Zukunftsmodellen*: Welche Möglichkeiten der Planung gibt es, um Raumstrukturen und deren Entwicklungen »nachhaltig«, d. h. zukunftsgerecht in ökologischer, ökonomischer und sozialer Hinsicht zu gestalten?

Aus der Vielfalt der Themen, mit denen sich die Anthropogeographie beschäftigt, ist auch ihre Verknüpfung zu anderen Wissenschaften ersichtlich. Als »nächste Nachbarn« wären vor allem anzusehen: Wirtschaftswissenschaften (Betriebs- und Volkswirtschaftslehre), Soziologie, Politikwissenschaft, Geschichte (insbesondere Wirtschafts- und Sozialgeschichte) und Psychologie. Ferner gibt es Berührungspunkte mit den Rechtswissenschaften, der Raumplanung und einigen Ingenieurwissenschaften.

Überhaupt lassen sich nur sehr schwer eindeutige Grenzen zu anderen Disziplinen bestimmen. Auch wenn es zur Simplifizierung der Gedanken und damit zur Bequemlichkeit beitragen würde, wäre eine strikte Grenzziehung zu den Nachbardisziplinen für die Geographie als solche und im Sinne der heute zu bewältigenden Probleme auf unserem Planeten keinesfalls erstrebenswert. Auch auf die Notwendigkeit, sich eingehend mit den Themen, Denkweisen und Methoden der Physischen Geographie zu beschäftigen, sei an dieser Stelle deutlich hingewiesen.

2.1.1 Bevölkerungsgeographie

Mit den vielfältigen Fragen zur Bevölkerung, ihrer Struktur, räumlichen Verteilung und Entwicklung beschäftigt sich eine Reihe von Wissenschaften, z. B. die Demographie (Bevölkerungswissenschaft) und die Soziologie. Aber auch die Geographie kann in Form ihres Teilgebietes *Bevölkerungsgeographie* hier eine lange Tradition aufweisen.

Wesentlich stärker als die Demographie beschäftigt sich die Bevölkerungsgeographie, gemäß ihrer Ausrichtung als räumlich orientierte Wissenschaft, vornehmlich mit der Mensch-Umwelt-Beziehung. Untersuchungsgegenstand sind die Bevölkerung oder einzelne Bevölkerungsgruppen in einem Raum hinsichtlich ihrer Struktur und räumlichen Verteilung. Strukturell ergeben sich Differenzierungen in Bezug auf die demographischen (z. B. Alter und Geschlecht etc.), die wirtschaftlichen und sozialen (z. B. Bildungsstand, Beschäftigung, Einkommen etc.) oder die kulturellen und ethnischen (z. B. Sprache, Religion, Traditionen etc.) Merkmale. Auch die Bevölkerungszahl, -dichte und -entwicklung haben einen maßgeblichen Einfluss auf den Raum und werden daher thematisiert. Ferner spielen Fragen zur räumlichen Mobilität (Migrationen, d. h. Wanderungsbewegungen natürlicher Art oder durch äußere Zwänge ausgelöst) eine wichtige Rolle. All diese Aspekte zusammenfassend, versucht die Bevölkerungsgeographie, die beobachteten Strukturen und Prozesse zu interpretieren und zu bewerten sowie die Auswirkungen auf den Raum und die daraus resultierenden Probleme zu analysieren.

Im historischen Rückblick stellt man fest, dass die frühe geographische Forschung im Zuge der ersten Reisebeschreibungen sich hauptsächlich mit der Anzahl, Verteilung und Dichte der jeweiligen Bevölkerung eines Landes, einer Region beschäftigte. Das gesammelte Datenmaterial wurde ausgewertet und kartographisch dargestellt. Heute interessiert man sich angesichts einer Vielzahl von »Folgeproblemen« für die Bevölkerungsdynamik, das immense Wachstum, die zu erwartenden weiteren Entwicklungen sowie für die elementare Frage nach der eigentlichen Tragfähigkeit dieser Erde. Auch das Thema Bevölkerungswanderung kann in seiner negativen Form (z. B. Vertreibungen und Flucht, wirtschaftliche Not etc.) leider immer wieder einen aktuellen Bezug aufweisen, wenngleich auch die natürlichen Mobilitätsprozesse zunehmend an Bedeutung gewonnen haben. Soziale und wirtschaftliche Faktoren steuern maßgeblich die Entwicklung von Verteilungsmustern im Raum.

Bezüglich des Maßstabes können bevölkerungsgeographische Untersuchungen sowohl lokal (z. B. auf der Ebene eines Stadtbezirks), regional, aber auch global angelegt sein. Dementsprechend beschäftigt sich der Geograph mit Individuen, Familien, Haushalten oder mit regionalen Gruppen wie auch mit der gesamten auf der Erde lebenden Menschheit. In allen Fällen werden amtliche Statistiken oder Eigenerhebungen für die Bearbeitung der unterschiedlichen Themenstellungen herangezogen. So genannte laufende Raumbeobachtungen (*Monitorings*) dienen der Bestandsaufnahme und der Dokumentation von Veränderungen im zeitlichen Kontext. Die verschiedenen Faktoren, die die demographischen Prozesse steuern, können einzeln auf ihre Wirkungsweisen hin untersucht werden.

Möchte man seinen Studienschwerpunkt in der Bevölkerungsgeographie ansiedeln, ist es empfehlenswert, sich mit den Methoden der empirischen Sozialforschung und der Statistik verstärkt auseinanderzusetzen. Ferner sind fundierte Kenntnisse in der Wirtschafts- und Siedlungsgeographie von Bedeutung.

2.1.2 Siedlungsgeographie

Der Siedlungsraum, der dem Menschen zur Verfügung steht, umfasst zwar einen Großteil der Erdoberfläche, aber trotz modernster technischer Errungenschaften sind auch den Wohn- und Lebensräumen des Menschen Grenzen gesetzt.

Den von Menschen besiedelten Raum, also den Siedlungsraum, nennt man *Ökumene*, wobei im Gegenzug der nicht besiedelte Raum als *Anökumene* bezeichnet wird. Die Ökumene wird dauerhaft, zumindest aber periodisch bewohnt. Ein Zwischenstadium zwischen dauerhafter Siedlung und unbewohnter Erdoberfläche bildet die *Semiökumene*, die nur saisonal oder sporadisch im Verlaufe der Geschichte von Menschen besiedelt wurde.

Die Siedlungsgeographie setzt sich, wie unschwer zu vermuten, mit den Formen und den Entwicklungen der Ökumene auseinander, wobei jedoch die Grenzräume zwischen besiedeltem und unbesiedeltem Raum einen besonderen wissenschaftlichen Reiz ausüben. Hier treten die Grenzen, Motive und Ursachen menschlichen Wirkens am deutlichsten hervor. Im Prinzip kann man konstatieren, dass alles dauerhafte menschliche Leben an einem Ort von vier Faktoren limitiert werden kann: Durch die Meere, die Polargrenze, die Trockengrenze und die Höhengrenze. Menschliches Leben in den Extremräumen dieser Erde kann nur von kurzer Dauer sein oder durch einen hohen technischen Aufwand (z. B. für polare Forschungsstationen, Wetterbeobachtungen etc.) ermöglicht werden.

Die Siedlungsgeographie hat die Aufgabe, die heute existierenden menschlichen Siedlungen nach ihrem Erscheinungsbild, ihrer Lage und räumlichen Verteilung im Raum, nach ihrer historischen Entwicklung, ihrer Funktion und ihrer Ordnung im Raum sowie nach ihren Verflechtungen mit dem Umland zu untersuchen. Dabei finden Behausungen aller Art Beachtung: Wohnstätten, Arbeitsstätten, Kultstätten oder Erholungsstätten. Als »Dach über dem Kopf« kann sowohl die Hütte einer Familie im Kongo angesehen werden wie auch der Wolkenkratzer in einer der Metropolen dieser Welt.

Die Siedlungsgeographie unterteilt sich gemäß den sehr unterschiedlichen Siedlungstypen in eine *Stadtgeographie*, der heute verstärkt die Aufmerksamkeit gilt, und eine *Geographie des ländlichen Raumes*. Die Stadtgeographie wird im folgenden Kapitel ausführlicher vorgestellt.

In den frühen siedlungsgeographischen Arbeiten stand die Genese der Siedlungsformen deutlich im Vordergrund. Eine historisch-geographische Herangehensweise brachte eine Fülle von Literatur hervor. Die heutigen Forschungsschwerpunkte des Faches greifen diese Arbeiten z. T. auf und tragen in ihrer praktischen Umsetzung zur Erhaltung vieler historischer Siedlungen als Kulturerbe bei.

Schon in einer Region von überschaubarer Größe lässt sich eine Reihe unterschiedlicher Siedlungstypen ausgliedern. Dabei kann man sich der Physiognomie (äußeres Erscheinungsbild, d. h. Aufriss und Grundriss), der Bevölkerungszahl, der sozioökonomischen Charakteristika oder der Lage im Raum als Kriterien bedienen.

Siedlungen treten meist nicht völlig isoliert voneinander auf, sondern unterliegen einem Ordnungssystem. Zu einer solchen Ordnung zählen auch die *zentralörtlichen Systeme*, deren Prinzip im Kapitel zur Geographie des tertiären Sektors näher erklärt wird. Nur soviel an dieser Stelle: Orte geringerer Zentralität werden Orten mit einer höheren Zentralität zugeordnet.

Das ungebremste Wachstum der Städte und städtischen *Agglomerationen* (Ballungs- oder Verdichtungsräume mit städtischem Charakter) im Hinblick auf Bevölkerungszahlen und die rasch fortschreitenden Stadtrandentwicklungen werden ebenso thematisiert wie die Verödung vieler ländlicher Regionen. Stadt-Umland-Verflechtungen, z. B. in Form von Pendlerströmen und der Nutzung zentralörtlicher Funktionen stellen einen weiteren siedlungsgeographischen Arbeitsschwerpunkt dar. Insbesondere stehen die vielfältigen direkten und indirekten Auswirkungen von Siedlungen aller Art auf den Raum (z. B. durch die Belastungen der Umwelt durch Lärm, Abgase, Müll, Verunreinigungen der Gewässer etc.) im Zentrum des geographischen Interesses.

Menschliche Siedlungen sind als ein Teil der Landschaft zu begreifen und befinden sich in einem Gefüge wirtschaftlicher und politischer Interessen, aber auch in einer von natürlichen Faktoren geprägten

Umwelt. Der Siedlungsraum des Menschen muss zunächst im Kontext dieser natürlichen »Raumausstattung« gesehen werden. Auch wenn der Blick auf Städte wie San Francisco oder Miami dem Betrachter nicht sofort die physisch-geographischen Gegebenheiten des Ortes deutlich macht, so lässt sich die elementare Abhängigkeit vom Naturraum (*Naturdeterminismus*) doch in manchen Augenblicken nur zu deutlich wahrnehmen. Trotz gigantischer Baukunst, vermeintlicher technischer Vollkommenheit und einer Statik, die im Dienste der Ewigkeit zu stehen scheint, kollabieren Wolkenkratzer und Hochstraßen wie Bauklötze in einer Kinderhand, wenn die Natur sich in Form eines Erdbebens oder eines Wirbelsturms der urbanen Gesellschaft in Erinnerung bringt. Unmittelbarer scheint da schon die Verbindung zu »Mutter Erde« bei der Vorstellung an ein Bergdorf in den Anden oder an eine Pfahlbauten-Siedlung in einer Strommündung.

Es bleibt festzuhalten, dass die Ökumene des Menschen zwar durch technische Errungenschaften und wohl auch durch eine gewisse Zähigkeit ihrer Bewohner in Bereiche vordringen konnte, wo sie einer permanenten Gefahr durch Naturgewalten ausgesetzt ist. Es ist zwar unumstritten, dass der Mensch durch sein Handeln die Natur nach seinem Willen verändert (Wandel von der Natur- zur Kulturlandschaft), aber das Beispiel San Francisco, welches für eine ganze Reihe von überaus riskanten Lebensräumen steht, zeigt deutlich die Grenzen menschlichen »Durchsetzungsvermögens«. Auch hinsichtlich einer agrarischen Nutzung, die sich in den meisten Fällen mit der Existenz von Siedlungen im ländlichen Raum verbindet, wird die unmittelbare Abhängigkeit von den natürlichen Potentialen und Prozessen ersichtlich.

Studierenden, die sich in ihrem Studium schwerpunktmäßig mit der Siedlungsgeographie beschäftigen wollen, sei geraten, sich mit statistischen Verfahren, thematischer Kartographie sowie mit Methoden der empirischen Sozialforschung und Geographischen Informationssystemen (GIS) auseinanderzusetzen.

2.1.3 Stadtgeographie

Wenn man sich als Reisender einer fremden größeren Stadt mit dem Flugzeug nähert, wird man den Eindruck gewinnen, der Ort bestehe aus einem undurchdringlichen, chaotischen Häusermeer und einem sich dazwischen durchschlängelnden Straßengewirr. Es scheint keine Ordnung, keine Regelhaftigkeit, keinen Sinn zu geben. Und doch unterliegt jede Siedlung, insbesondere jede Stadt einem geplanten Anordnungsmuster von Flächen, Gebäuden bestimmter Nutzungsarten und Vierteln, die eine nach spezifischen sozialen Gegebenheiten zusammengesetzte Wohnbevölkerung beheimatet.

Mit der starken Zunahme eines städtischen, d. h. eines nicht mehr in der Landwirtschaft tätigen Bevölkerungsanteils an der gesamten Weltbevölkerung und den damit einhergehenden Verstädterungsprozessen hat sich allmählich eine Stadtgeographie aus einer bis dahin umfassenden Siedlungsgeographie herausgelöst. Die Stadtgeographie ist heute ein selbstständiger Teilbereich der Anthropogeographie und weist eine Vielzahl von Verflechtungen zu anderen geographischen Teilbereichen und Nachbardisziplinen auf. Stellvertretend seien genannt: Die Geographie des ländlichen Raumes, die Verkehrsgeographie, die Bevölkerungsgeographie, die Wirtschaftsgeographie, die Industriegeographie, die Geographie des tertiären Sektors sowie die Stadtklimatologie. Als Nachbardisziplinen können sowohl die Sozial- und Wirtschaftswissenschaften erwähnt werden wie auch einige Ingenieurwissenschaften (z. B. Architektur, Bauingenieurwesen, Geodäsie) und die Stadt- und Regionalplanung. Hinsichtlich der Erfassung des städtischen Entwicklungsverlaufes bemühen sich neben der *historischen Stadtgeographie* auch die Archäologie und die Geschichtswissenschaft um Erkenntnisse. Die angewandte Stadtgeographie trägt vornehmlich zur Planung und Beratung bei. In diesem Umfeld verschiedenster Disziplinen ist die Stadtgeographie allmählich zu einem Bestandteil einer interdisziplinären Stadtforschung geworden.

Die Stadt gilt als Verdichtungsraum, der dem menschlichen Leben und Handeln dient. Seit der griechisch-römischen Antike ist sie ein Zentrum gesellschaftlichen und politischen Wirkens sowie der kulturellen Entfaltung. Technische Innovationen, neue politische Strömungen, Wirtschaftswachstum und neue Lebensstile entstammen meist dem urbanen Milieu. Es ergeben sich intensive Verflechtungen zu anderen Verdichtungsräumen sowie zum nicht-städtischen Umland.

Die Stadtgeographie wurde und wird geprägt durch den beständigen gesellschaftlichen Wandel, der sich in den Städten und Ballungsräumen dieser Erde zweifellos am schnellsten und sichtbarsten vollzieht. Durch die herausragende Bedeutung, die Städten und dem urbane Leben an sich beigemessen wird, zählt auch die Stadtgeographie zu den wesentlichen Teilgebieten der Geographie. Sie beschäftigt sich mit der Erforschung städtischer Strukturen, Funktionen und Prozesse, die sich im urbanen Raum vollziehen und darüber hinaus Auswirkungen auf den nicht-urbanen Raum zeigen. Die Größe der Untersuchungsräume kann sehr variieren und ist stark themenabhängig. Von Fragen zur internationalen Verstädterung (globaler Rahmen), nationalen oder regionalen *Stadtmodellen* bis hin zu kleinräumigen Untersuchungen in einzelnen Stadtvierteln erstreckt sich die Spannbreite.

Die Stadtgeographie verfolgt verschiedene Forschungsansätze:

- Die moderne *Städtesystemforschung* widmet sich den vielfältigen Beziehungen einzelner Städte zueinander (Arbeitsteilung, Zentralität, politische Bedeutung etc.).

- Die *funktionale Stadtgeographie* erfasst und analysiert die funktionalen Raumeinheiten, die eine Stadt aufweist (Wohnviertel, City, Geschäftszentren, Gewerbe- und Industriegebiete, innerstädtische Naherholungsräume, Kulturzentren, Kultstätten etc.).

- Im Rahmen der *kulturgenetischen Stadtgeographie* werden unterschiedliche Stadtphysiognomien vor dem Hintergrund verschiedener Gesellschafts- und Kulturformen betrachtet.

- Die *analytische Stadtgeographie* verfolgt das Ziel, Regelhaftigkeiten und Prinzipien, nach denen sich eine Stadt (z. B. hinsichtlich der Zusammensetzung der Wohnbevölkerung in statushohen wie -niedrigen Vierteln) entwickelt, zu erfassen. Modelle dienen dabei als Hilfe.

Bedingt durch eine Vielzahl gesellschaftlicher, wirtschaftlicher und politischer Veränderungen ist man zu Forschungsfragen gelangt, die seit nunmehr fast zwei Jahrzehnten in drei Kernbereichen münden:

- Die Beziehungen und das Gleichgewicht der Kräfte zwischen den Städten der einzelnen Nationalstaaten, aber auch global, unterliegen stetigen Veränderungen. Welche Entwicklungen nehmen die Städte? Welche Rolle spielen die »Global Cities«?

- Die Entwicklung der Städte geht mit der der Regionen Hand in Hand. Bisher gültige Vorstellungen von den Stadt-Umland-Beziehungen sind mehr und mehr zu modifizieren. Welche neuen Modelle werden sich zukünftig herausbilden? Welche Interaktionen werden in Zukunft von Relevanz sein? Welche Wege muss die Planungspolitik beschreiten?

- Wie werden die Städte der Zukunft hinsichtlich ihrer inneren Strukturen aussehen? Welche funktionalen Gliederungen wird es geben und welchen Einfluss werden die unterschiedlichen sozialen Gruppen ausüben?

Wie hieraus ersichtlich, bearbeitet die Stadtgeographie meist sehr praxisnahe Fragestellungen, die aktuelle, oft konfliktreiche Situationen des städtischen Milieus und Umfeldes aufgreifen. Untersuchungen von Gewerbegebieten, Wohnungsmarktanalysen, Sanierungsmaßnahmen auf einer Altindustriefläche, Infrastrukturplanungen z. B. in Form eines verbesserten Radwegesystems, Untersuchungen zum Einzelhandel, Stadtentwicklungspotentiale auf der Grundlage der lokalen Agenda 21, Erfassung und Steuerungsmöglichkeiten des Pendleraufkommens etc. sind nur wenige Beispiele. Insbesondere planerische Belange werden von der Stadtgeographie aufgegriffen.

Möchte man sich diesem Teilbereich der Anthropogeographie verstärkt widmen, sind Grundlagen in den zu Anfang genannten Disziplinen von Vorteil. Vor allem mit der Stadt- und Regionalplanung sollte man sich bereits während des Studiums auseinandersetzen; günstigerweise innerhalb eines Praktikums, welches auch für den weiteren beruflichen Weg entscheidend sein kann und Einblicke ermöglicht, die so an der Hochschule nicht geboten werden können. Geographen mit einem stadtgeographischen Neigungsschwerpunkt eröffnet sich ein weites Betätigungsfeld: Kommunale Behörden und Unternehmen, Planungsbüros, Wirtschaftsförderungs- und Stadtmarketinggesellschaften oder Verbände seien hier nur exemplarisch genannt.

2.1.4 Wirtschaftsgeographie

Die Wirtschaftsgeographie zählt zu den Kernbereichen der Anthropogeographie und widmet sich der räumlichen Ordnung und Organisation der Wirtschaft und aller mit ihr verbundenen Aktivitäten. Der wirtschaftende Mensch und die ihn zum Handeln veranlassenden Motive und Entscheidungen sowie die Ergebnisse seiner Aktivitäten sind sowohl zeitlich als auch in ihrer räumlichen Dimension zu verfolgen. Hinsichtlich der zeitlichen Erfassung obliegt das Themenfeld vornehmlich der Wirtschaftsgeschichte, die räumlichen Aspekte finden in der Wirtschaftsgeographie ihre Beachtung.

Die Wirtschaftsgeographie bewegt sich thematisch zwischen den Wirtschaftswissenschaften und der Geographie. Ihre Themenfelder entstammen vornehmlich der Ökonomie, welche sie vor dem Hintergrund geographischer Fragestellungen zu bearbeiten sucht.

Im Mittelpunkt aller Untersuchungen steht der Wirtschaftsraum, den es zu erfassen, zu analysieren und zu bewerten gilt, sowie alle Formen des wirtschaftlichen Handelns, welche sich auf den Raum auswirken. Im umfassendsten Sinne lässt sich der Wirtschaftsraum als die vom Menschen unter Bewirtschaftung genommene Erdoberfläche definieren, die dann auf globaler Ebene mit dem Begriff *Weltwirtschaftsraum* (makrogeographische Betrachtung) betitelt werden kann. Im engeren Sinne kann man den Wirtschaftsraum nach ökonomischen Kriterien räumlich begrenzen (bei kleinen Raumeinheiten: *Mikrogeographische Betrachtung*). Welche reale Größe ein Wirtschaftsraum tatsächlich hat, hängt letztlich von der Frage- und Problemstellung der Untersuchung ab und kann sehr unterschiedlich ausfallen.

Wenn man von »der Wirtschaft« spricht, beschreibt man zunächst einmal alle Aktivitäten, die zur Produktion von Gütern beitragen, welche der menschlichen Bedarfsdeckung dienen und zur Aufrechterhaltung und Sicherung der Existenz erforderlich sind. Mit »Gütern« verbindet der Wirtschaftsgeograph Produkte und Dienstleistungen, die in den drei Wirtschaftssektoren oder Produktionszweigen »erwirtschaftet« werden.

- Landwirtschaft, Fischerei, Bergbau und Forstwirtschaft bilden den *primären Wirtschaftssektor*, welcher der Rohstoffgewinnung dient.

- Energiegewinnung, Handwerk, Industrie und Gewerbe zählt man zum *sekundären Wirtschaftssektor*, welcher das »Urprodukt« (das Erzeugnis des primären Sektors) in eine Gebrauchsfähigkeit überführt.

- Dienstleistungen in Form von Handel, Verkehr, Verwaltung, Kommunikation und Bildung werden zum *tertiären Sektor* zusammengefasst. Hier steht die Bedarfsdeckung mit materiellen und immateriellen Gütern im Vordergrund sowie deren räumliche Distribution (Verteilung).

Vielfach führt man noch einen *quartären Sektor* auf, der inhaltlich den tertiären Sektor weiter spezifizieren soll. Zum quartären Sektor werden Dienstleistungen in Erziehung, Forschung und Lehre sowie hochrangige Entscheidungsprozesse im öffentlichen wie privatwirtschaftlichen Bereich gezählt. Diese weitere Aufspaltung des Dienstleistungssektors konnte sich aber bisher in der Diskussion nur unzureichend durchsetzen.

Die Wirtschaftsgeographie lässt sich gemäß der drei oben genannten Kategorien in verschiedene Teilgebiete untergliedern, von denen fünf in diesem Buch ausführlich beschrieben werden.

- Agrargeographie, Geographie des Bergbaus und der Energiewirtschaft, Geographie der Wald- und Forstwirtschaft
- Industriegeographie
- Geographie des tertiären Sektors, Verkehrsgeographie, Geographie der Freizeit und des Tourismus

Die frühen Formen der Wirtschaftsgeographie verstanden sich als eine »Produktionskunde«, in welcher die Verbreitung von Anbau- und Handelsprodukten sowie der Welthandel thematisiert wurden. Auch dominierte die länderkundliche Beschreibung ökonomischer Verhältnisse. Heute beschäftigt man sich mit räumlichen Strukturen und Verteilungsmustern, mit Kapital-, Arbeitskräfte-, Güter- und Dienstleistungsströmen und Entwicklungsdynamiken, wobei komplexe Theorien und Modellvorstellungen die Erklärungsversuche unterstützen.

Folgende Grundsätze liegen allen wirtschaftsgeographischen Arbeiten zugrunde:

Güter sind knapp verfügbare Mittel und natürliche Ressourcen einer Endlichkeit ausgesetzt. Ferner stehen beide nicht an allen Orten in ausreichendem Umfange zur Verfügung. Der menschliche Bedarf dagegen ist durch seine Unbegrenztheit gekennzeichnet. Aus diesem Ungleichgewicht von Angebot und Nachfrage ergibt sich wirtschaftliches Handeln. Der Markt sorgt für einen Austausch und die Versorgung von Regionen, in denen sich die Knappheit bestimmter Güter bemerkbar macht.

Die großen Probleme unserer Zeit tragen zur weiteren Verschärfung der Situation bei: Der zu hohe Verbrauch nicht-erneuerbarer Rohstoffe, das ungebremste Wachstum der Erdbevölkerung und der »Konsumrausch« in den Industrieländern. Um hier den gefahrvollen Entwicklungen begegnen zu können, ist es wichtig, sich zu einem konsequenten sparsameren Umgang mit den zur Güterproduktion benötigten Ressourcen zu entschließen und diesen Entschluss konsequent umzusetzen. Auch die ökologischen Grundlagen (Wasser, Luft, Boden, Tier- und Pflanzenwelt) sind hier zu berücksichtigen. Ferner müssen wirtschaftliche Aktivitäten mit mehr Bedacht und strategischer geplant werden, um trotz knapper Mittel einen möglichst hohen Ertrag zu erzielen.

Jede Produktion hat ihren Standort. An diesen werden Anforderungen und Voraussetzungen geknüpft, bzw. es ergeben sich bestimmte Standortfaktoren, die ihn bedingen. Diese Standortfaktoren wiederum steuern die Standortentscheidung, d. h. ob und wo sich beispielsweise ein Unternehmen ansiedelt. Als günstige Standortfaktoren für die Förderung wirtschaftlicher Tätigkeiten können angesehen werden: Ein hohes Angebot an Arbeitskräften, niedriges Lohnniveau, günstiger Produktionsraum, verfügbare Rohstoffe, Nähe zum Absatzmarkt etc. Aber auch soziale, kulturelle und politische Gegebenheiten sowie bestimmte Wertevorstellungen müssen ins Kalkül gezogen werden.

Ferner ergeben sich konkurrierende Raumansprüche, wobei es zu bestimmten Verteilungsmustern von Produktionsstätten kommt. Ebenso geht von der wirtschaftlichen Aktivität eine Raumwirksamkeit, wiederum vor allem das Handeln des Menschen oder das von Unternehmen beeinflussend, aus. Kommt es zu einer räumlichen Konzentration von Produktionsstandorten, z. B. in Form von Technologieregionen, Gewerbeparks etc., spricht man vom oben bereits erwähnten, dann oft recht spezifisch ausgestatteten »Wirtschaftsraum«.

Neben diesen Grundlagen wirtschaftlichen Handeln sieht sich die Ökonomie heute noch viel weitreichenderen Herausforderungen gegenübergestellt: Eine umweltschonende Produktion, eine globalisierte Wirtschaft und den sich damit verstärkenden Druck auf die einzelnen Regionen bzw. Nationalökonomien sowie eine hohe Arbeitslosigkeit und die zunehmende Verschuldung auf allen politischen, aber auch sozialen Ebenen sind die Themen der Gegenwart, die bewältigt werden wollen. Eine fundierte wissenschaftliche Analyse und ein daraus abgeleitetes praktisches Handeln in der Zukunft müssen Hand in Hand gehen.

Wirtschaftsgeographisches Arbeiten kann sich auf eine Vielzahl von Aufgaben erstrecken: Die Suche des optimalen Standorts für ein Unternehmen, ein Einzelhandelsgeschäft, ein Kino oder einen Kindergarten, die Erklärung bestimmter Standortmuster in Vergangenheit und Gegenwart sowie ihre Perspektiven in der Zukunft, die Konzeption und Bewertung von Projekten, die politischen und wirtschaftlichen Förderungsmöglichkeiten von regionalen Entwicklungen sind nur einige Aufgaben.

Die Wirtschaftsgeographie gehört damit zweifellos ebenso zu den unmittelbar angewandt arbeitenden Disziplinen der Geographie. Ihre Fragestellungen sind von hoher Aktualität, und Wirtschaftsgeographen werden mit Analyse- und Beratungstätigkeiten z. B. in Kammern und Verbänden, aber auch in der Privatwirtschaft, in Consulting-Büros oder Planungsbüros sowie in allen Bereichen der Politik betraut. Ferner finden sich adäquate Arbeitsplätze im behördlichen Bereich, z. B. in der kommunale Wirtschaftsförderung, aber auch in der Regionalplanung oder bei verschiedensten Organisationen. Gerade im Bereich der wirtschaftsgeographischen Tätigkeit ergeben sich u. U. auch besonders erfolgversprechende Möglichkeiten, um den Sprung in die Selbstständigkeit (d. h. eine Existenzgründung) zu wagen.

Um sich in diesem Teilgebiet der Geographie das nötige Rüstzeug an Fachkenntnissen anzueignen, ist es wichtig, sich neben einem hohen Interesse an wirtschaftlichen und politischen Fakten (die man selbstverständlich auch durch die beständige und gründliche Lektüre verschiedener guter Tages- und Wochenzeitungen sowie Zeitschriften gewinnen kann) um ein einschlägiges Wissen in den Grundlagen der Wirtschaftswissenschaften zu bemühen. Ferner sind fundierte Kenntnisse in allen anderen anthropogeographischen Bereichen sowie statistische Fertigkeiten und solche in der empirischen Sozialforschung obligatorisch.

2.1.5 Agrargeographie

Die Landwirtschaft lässt sich wohl als eine der ersten wirtschaftlichen Tätigkeiten des Menschen begreifen. Ihre Grundprinzipien haben sich bis heute nicht verändert. Trotz enormen technischen Fortschritts, Ertragssteigerungen und eines veränderten gesellschaftlichen Gefüges dient die Arbeit der in der Landwirtschaft beschäftigten Menschen auch heute noch vornehmlich der Produktion von Lebensmitteln, aber auch von industriellen Rohstoffen. Mit diesem Themenkreis und einem weiten Feld sich daraus ergebender Fragestellungen beschäftigt sich die Agrargeographie.

Sie ist ein Teilbereich der Wirtschaftsgeographie und wird somit in den größeren Rahmen der Anthropogeographie eingeordnet. Da eine agrarische Bewirtschaftung der Erdoberfläche aber immer auch die natürlichen Faktoren wie Boden, Klima, geologischer Untergrund, Wasser und Vegetation zu berücksichtigen hat, stellt sich hier der integrative Ansatz des Faches besonders deutlich dar. Die Landwirtschaft hat wegen ihres »Flächen« beanspruchenden Charakters zweifellos eine große geographische Bedeutung.

Die Agrargeographie lässt sich als die Wissenschaft von der räumlichen Ordnung und Organisation der Landwirtschaft bezeichnen. Strukturen und Entwicklungen sowie die räumliche Differenzierung und die Auswirkungen auf den Raum selbst werden hier thematisiert, wobei auch die sozialen Verhältnisse der ländlichen Bevölkerung ebenso wie die betriebswirtschaftlichen Verhältnisse von Agrarbetrieben große Beachtung finden.

Der Untersuchungsgegenstand der Agrargeographie ist der Agrarraum, welcher sowohl ein Großraum, z. B. in der Gestalt von Agrarzonen der Erde, als auch ein einzelner landwirtschaftlicher Betrieb oder eine von der Landwirtschaft lebende Dorfgemeinde sein kann. Der Agrarraum ist gekennzeichnet durch die agrarische Produktion, welche sich aus einer Vielzahl an Produkten, Produktionsmethoden und Formen, diese Produktion zu steuern und zu organisieren, zusammensetzt.

Ferner spielt die Physiognomie der Agrarlandschaft eine bedeutende Rolle. Hierzu zählen die so genannten »agrargeographisch wirksamen Gestaltelemente«, die die Gestalt der ländlichen Siedlung, den Wechsel von Acker- und Grünland sowie Baumkulturen und die Flurformen umfassen. Wichtig dabei ist, dass das räumliche Gefüge einem zeitlichen Wandel unterliegt, der Berücksichtigung finden muss.

Die Landwirtschaft ist, zumindest in ihrer einfachsten Form, in hohem Maße von der natürlichen »Ausstattung« eines Raumes abhängig (*Naturdeterminismus*). Kein anderer Wirtschaftssektor weist so viele Differenzierungen, resultierend aus den räumlichen Gegebenheiten, auf wie der primäre Sektor. In den Industrieländern, aber auch bereits in einer Vielzahl von Entwicklungsländern, glaubt der Mensch diese Abhängigkeit von den natürlichen Gegebenheiten mittels technischer Errungenschaften weitestgehend überwunden zu haben. Er steht zwar unter dem Einfluss der Natur, verändert sie aber durch sein Handeln. Anhand vieler negativer Auswirkungen bleibt aber zu sagen, dass es die Natur ist, die letztlich die Grenzen, auch in Form von Nutzungsgrenzen, festlegt!

Fasst man diese Überlegungen zusammen, so ergibt sich, dass die Agrargeographie von mehreren Nachbardisziplinen umgeben wird, die sie beeinflussen und zu deren Fortschritt sie wiederum beiträgt.

Innerhalb der Geographie ergeben sich Überschneidungen zur Siedlungsgeographie, zur *Historischen Geographie*, zur Geographie des ländlichen Raumes, zur Verkehrsgeographie sowie zu allen physisch-geographischen, insbesondere ökologischen Teilbereichen. Außerhalb der Geographie sind es die Agrar- und Forstwissenschaften, die Natur-, Kultur-, Sozial- und Wirtschaftswissenschaften (insbesondere Agrargeschichte, Agrarsoziologie und Agrarökonomie), die die Agrargeographie bereichern und von ihren Ergebnissen bereichert werden.

Die landwirtschaftliche Tätigkeit wird dem primären Sektor zugeordnet, der die so genannte *Urproduktion* (materielle Güter werden unmittelbar aus der Natur gewonnen) betreibt. Um tierische und pflanzliche Nahrungsmittel zu erzeugen, befasst sich die Landwirtschaft mit der Bewirtschaftung des Bodens sowie der Viehzucht und -haltung. Aber auch der Gemüse-, Obst- und Weinanbau (so genannte *Sonderkulturen*) zählen zur Landwirtschaft. Auch in einer stark industrialisierten Welt sorgt mehrheitlich die landwirtschaftliche Produktion für die physische Existenz der mittlerweile rund sechs Milliarden Menschen umfassenden Erdbevölkerung. In den reichen Ländern dieser Erde, wo ferner eine politische Stabilität für Frieden sorgt, ist man sich angesichts einer Überproduktion und einem übersteigerten Konsumverhalten der Bedeutung der Landwirtschaft oft gar nicht mehr ausreichend bewusst. Im Vergleich zum sekundären und tertiären Sektor hat die Landwirtschaft in den Industrieländern einen hohen Bedeutungsverlust erlitten. In den Ländern der so genannten »Dritten Welt«, vor allem in den dortigen Krisenregionen, wird der Wert der landwirtschaftlichen Arbeit und die damit einhergehende Versorgung mit essentiellen Nahrungsmitteln ganz anders eingeschätzt. In den Industrieländern dient die Landwirtschaft neben der Grundversorgung mit Nahrungsmitteln vor allem auch der Flächenpflege.

Die Erzeugung von Agrarprodukten kann in sehr unterschiedlichen Betriebs- und Unternehmensformen erfolgen. Die Bandbreite reicht vom bäuerlichen Kleinbetrieb, der hauptsächlich für die Selbstversorgung (*Subsistenzwirtschaft*) oder den lokalen Mark produziert, bis hin zu agrarindustriellen Großunternehmen, die sich z. B. durch eine intensive Nutztierhaltung stark auf ein bestimmtes Produkt spezialisiert haben. Futtermittel oder andere »Rohstoffe«, die benötigt werden, entstammen nicht mehr unbedingt dem heimischen Boden, sondern werden dank weltumspannender Handelsverflechtungen auf langen Transportwegen zu den Produktionsstandorten gebracht. Die Industrialisierung der Agrarwirtschaft hat zu völlig neuen Organisationsstrukturen geführt. Erzeugung, Be- und Verarbeitung sowie die Vermarktung der Güter finden viel häufiger unter einem Dach statt. Der Absatz erfolgt weltweit. Betriebsaufgaben bei Kleinbetrieben und eine völlig veränderte Einstellung zur Landwirtschaft sowie zur Natur sind nur zwei Ergebnisse einer höchst fragwürdigen Entwicklung.

In den Industrieländern, wo ein Agrarbetrieb nicht mehr unmittelbar unter dem Druck eines allgemeinen Nahrungsmittelmangels steht, kommt ihm eine Vielzahl von anderen Aufgaben zu, z. B. die Kulturlandschaftspflege, der Umweltschutz oder die Bereitstellung von Erholungsmöglichkeiten (»Urlaub auf dem Bauernhof«).

Auch die unmittelbar an die Agrarwirtschaft angrenzenden Wirtschaftsbereiche, die Forst- und Fischereiwirtschaft, die Jagd und das Sammeln, gehören in vielen Regionen der Erde zum landwirtschaftlichen Erwerb und werden oft in Ergänzung zum Ackerbau und/oder zur Viehzucht betrieben. Beispiele hierfür bieten die letzten Naturvölker dieser Erde, welche auch das Jagen und Sammeln zur Nahrungsgewinnung betreiben; ebenso Waldbauern, die agrar- und forstwirtschaftliche Tätigkeiten miteinander kombinieren oder auch Teichwirte, die sich mit der Fischzucht zur Nahrungsmittelproduktion beschäftigen.

In der heutigen agrargeographischen Forschung stehen folgende Ansätze im Mittelpunkt:

- Räumliche Verbundsysteme, die bei optimaler Leistung die Belastungen auf die Umwelt sowie auf das soziale und wirtschaftliche Umfeld minimieren; agrartechnologische Fortschritte; alternative Produktionsmöglichkeiten; agrarpolitische Maßnahmen zur Einflussnahme auf Struktur, räumliche Ordnung und Ertragsmengen landwirtschaftlicher Produktionsstätten
- Auswirkungen intensiver Produktion auf das Ökosystem und alternative Landnutzungsformen
- Entwicklungsplanungen für den ländlichen Raum; Umsetzung alternativer Produktionsziele und -formen in existierenden Agrarwirtschaftsräumen; Minimierung von Landnutzungskonflikten

Aus der Vielfalt der agrargeographischen Aufgaben und Forschungsziele ergibt sich eine breite Palette an Kenntnissen, die man sich bereits im Studium wenigstens in Grundzügen aneignen sollte. Neben fundiertem Wissen in den oben als Nachbardisziplinen aufgeführten geographischen und nicht-geographischen Bereichen können praktische Kenntnisse in Statistik, Geographischen Informationssystemen (GIS), Kartographie, Gelände- und Laborarbeiten sowie in der Fernerkundung zweifellos von Vorteil sein. Hinzu kommen sollten eigene Erfahrungswerte, die man durch Praktika oder eine schlichte Mitarbeit in einem landwirtschaftlichen Betrieb erwerben kann. Gerade für Studierende, die ihre bisherige Lebenszeit fast ausschließlich in städtischer Umgebung verbracht haben, zeigen sich hier zumeist deutliche »Erfahrungsdefizite«.

Tätigkeiten im behördlichen Bereich, in der Politik, bei Kammern und Verbänden sowie in landwirtschaftlichen Großbetrieben oder in der Forschung kommen für den an der Agrargeographie interessierten Studierenden in Frage. Dennoch, so sei am Schluss dieses Kapitels noch einmal deutlich vermerkt: Die Landwirtschaft hat in den Industrieländern einen enormen Bedeutungsverlust erfahren, so dass wohl kaum davon ausgegangen werden kann, dass gerade hier oder in angrenzenden Bereichen ein hohes Arbeitsplätzepotential für künftige Hochschulabsolventen bereit steht. In den Ländern der »Dritten Welt« kann dies z. B. vor dem Hintergrund der Entwicklungszusammenarbeit noch anders aussehen.

2.1.6 Industriegeographie

Bis in die 1970er Jahre hinein war die Industriegeographie ein Stiefkind der Wirtschaftsgeographie, und nur wenige deutschsprachige Lehrbücher standen den wissbegierigen Studierenden zur Verfügung. Auf dem Kieler Geographentag 1969 wurde dies stark bemängelt, und in den darauffolgenden Jahren nahm das Publikationsvolumen in diesem Fachbereich stetig zu. Neben der reinen Beobachtung industrieller Entwicklungen führte man Befragungen unter den Arbeitnehmern und Arbeitgebern durch, besichtigte Betriebsanlagen, verschaffte sich detaillierte Kenntnisse über verschiedenste Produktionsprozesse, wertete Unternehmensunterlagen sowie Statistiken aus und untersuchte die mit den Anlagen offensichtlich in Verbindung stehenden Umweltprobleme.

Die Industriegeographie begreift sich als ein Teilbereich der Wirtschaftsgeographie und beschäftigt sich mit dem sekundären Wirtschaftssektor: der gewerblichen Güterproduktion. Im Zentrum steht die Frage nach den Lokalisationsformen und Standortbedingungen dieser Produktionsstätten, wobei auch hier der Untersuchungsgegenstand ein einzelner Betrieb, eine Ansiedlung mehrerer industrieller

Betriebe oder ein ganzes Land bzw. die Gesamtheit aller industriell produzierenden Länder der Erde sein kann. Auch den Organisationsformen und den Produktionsprozessen sowie den daraus resultierenden Auswirkungen auf den Raum gilt das Interesse des Geographen. Nicht zuletzt ist es von Bedeutung, sich über das Zustandekommen und die räumlichen Konsequenzen hochrangiger Entscheidungen in Unternehmen Gedanken zu machen.

Grundlage aller Untersuchungen sind Kenntnisse über Branche, Größe, Struktur, Organisationsform und Produktangebot. Hinzu kommen wichtige »Eckdaten« wie funktionale Verflechtungen mit Rohstofflieferanten und den Absatzmärkten im In- und Ausland. In diesem Zusammenhang ergeben sich auch wichtige Fragen nach den Formen der Arbeitsteilung und der Spezialisierung sowie nach kooperativen Maßnahmen verschiedener Unternehmen zum Zwecke der Steigerung ihrer Wirtschaftskraft.

Eine der wesentlichen Aufgaben der Industriegeographie zielt auf die Frage nach dem geeigneten betrieblichen Standort und den ihn bedingenden Faktoren (*Standortfaktoren*) ab. Dieser Themenkreis wird in der so genannten *Standortlehre* zusammengefasst, die in allen Wirtschaftsbereichen von enormer Wichtigkeit ist. Der Industriestandort wird dabei als die gewerbliche Niederlassung eines Werkes mit physischen, ökonomischen, sozialen, kulturellen und sonstigen Umweltbedingungen definiert, wobei sich alle Kräfte positiv oder negativ auf einen Unternehmensstandort und seine Entwicklung auswirken können. Je nach Maßstab eines Standortes müssen unterschiedliche Einflüsse Berücksichtigung in der geographischen Standortanalyse finden. Die industrielle Standorttheorie hat sich durch eine Vielzahl an Literaturbeiträgen in den Wirtschafts- und Regionalwissenschaften aus der allgemeinen Standorttheorie heraus entwickelt.

Aufgrund standörtlicher Präferenzen und der zur Entscheidung beitragenden Standortfaktoren ergeben sich spezifische Verteilungsmuster industrieller Betriebe. Das Studium solcher Anordnungen im Raum kann zur Planung neuer Ansiedlungen mittels eines dafür ausgearbeiteten Kriterienkataloges beitragen.

Im Hinblick auf die gegenwärtigen und mit Sicherheit auch die Zukunft bestimmenden wirtschaftlichen Entwicklungen (ein tiefgreifender sozialer und wirtschaftlicher Wandel von der Industriegesellschaft hin zur Dienstleistungsgesellschaft, sterbende Altindustrieräume und tradierte Berufe/Berufsfelder, globalisierte Produktionsverfahren, verstärkter internationaler Wettbewerb und härter umkämpfte Absatzmärkte, neue Informations- und Kommunikationstechnologien, immer kürzer werdende Produktlebenszyklen etc.) werden sich auch hinsichtlich der betrieblichen Standortwahl einige Veränderungen ergeben. Bisherige Theorien werden nicht mehr die sich wandelnden Gegebenheiten erfassen können und neue Formen der Unternehmensstruktur, Organisation und Produktion werden entsprechend modifizierte Denkansätze und Konzepte erfordern.

Es ist bedeutsam anzumerken, dass moderne, insbesondere kleine und mittelständische Unternehmen mit einem entsprechenden Spezialisierungsgrad neben flexibleren Produktionssystemen auch andere Standortfaktoren bei einer Ansiedlung ins Kalkül ziehen. Hier spielen oft günstige Kooperationsmöglichkeiten mit anderen Betrieben, spezielle lokale Dienstleistungsangebote, ein differenziertes Arbeitskräftepotential sowie ein geeignetes Umfeld hinsichtlich einer ansprechenden Infrastruktur oder der soziokulturellen Angebote eine entscheidende Rolle. So genannte *weiche Standortfaktoren* finden immer mehr Berücksichtigung, um beispielsweise das hoch qualifizierte Personal auch langfristig an das Unternehmen binden zu können.

Ein besonderes Augenmerk richtet die geographische Forschung auf die Frage nach den Auswirkungen menschlichen Handelns. Hierbei kann es sich einerseits um die Schaffung neuer Arbeitsplätze handeln (was eine Impulswirkung auf andere Wirtschaftsbereiche haben kann) wie andererseits um Umweltbelastungen, die durch den Produktionsprozess selbst, aber auch durch die vielfältigen Transportwege verursacht werden können. Auch muss die industrielle Produktion nicht unbedingt (nur) den sie unmittelbar umgebenden Raum schädigen, sondern auch periphere Gebiete, denen z. B. die notwendigen Rohstoffe entnommen werden.

An der Industriegeographie interessierte Studierende sollten sich die Kenntnisse und Fertigkeiten zu eigen machen, die bereits im Kapitel zur Wirtschaftsgeographie angeführt wurden. Interessante berufliche Perspektiven sollten sich bei gutem Qualifizierungsgrad u. a. in Behörden und in der Privatwirtschaft auftun.

2.1.7 Geographie des tertiären Sektors

Die Gesellschaften der »westlichen Welt« werden heute als »Dienstleistungsgesellschaften« bezeichnet, da gemessen am Anteil der Beschäftigten und des Bruttoinlandsproduktes (BIP) der Dienstleistungsbereich die größte Bedeutung hat. Ohne Zweifel kommt dem tertiären Sektor, also dem Produktionszweig, der Dienstleistungen in den Bereichen Handel, Verkehr, Banken, Wirtschafts- und Ingenieurberatung, Verwaltung, Gesundheitsvorsorge, Kommunikation, Unterhaltung und Bildung (also vorwiegend immaterielle Güter) bereitstellt, heute eine außerordentliche Bedeutung in der Volkswirtschaft eines Landes zu. In den letzten Jahrzehnten verzeichnete der tertiäre Sektor den stärksten Beschäftigungszuwachs aller Wirtschaftssektoren. Man spricht, in Anlehnung an die Industrialisierung, bereits von einer »Tertiärisierung« der Wirtschaft und beschreibt damit den letzten Schritt einer Bedeutungsverschiebung im zeitlichen Verlauf vom primären zum sekundären und vom sekundären nun hin zum tertiären Sektor. An dieser Bedeutungsverschiebung wird u. a. der Entwicklungsstand einer Volkswirtschaft gemessen: In gering entwickelten Nationalökonomien dominiert noch der Agrarbereich mit einem hohen Beschäftigtenanteil. Im Zuge der fortschreitenden Industrialisierung verlagert sich allmählich der Beschäftigtenanteil zugunsten des produzierenden Gewerbes. Im Verlaufe einer sich weiterentwickelnden Wirtschaft kommt es dann zunehmend zur Tertiärisierung, und der höchste Beschäftigtenanteil ist im Dienstleistungssektor angesiedelt.

Diese Verlagerung lässt sich wie folgt erklären: Bedingt durch den technischen Fortschritt und die damit verbundene wirtschaftliche Entwicklung kommt es zu Einkommenssteigerungen, wobei die Nachfrage nach Industriegütern, später nach Dienstleistungen, ebenfalls zunimmt. Durch den Einsatz moderner Technologien in Landwirtschaft und Industrie erhöht sich die Produktivität und es können vermehrt Arbeitskräfte freigesetzt werden. Diese finden (hoffentlich!) dann im expandierenden Dienstleistungssektor eine Anstellung, der somit im Vergleich nun die höchsten Beschäftigtenzahlen aufweisen kann. Bleibt allerdings zu sagen: Die Übergänge gestalten sich nie reibungslos, und ein solcher Strukturwandel ist mit erheblichen Problemen (z. B. Arbeitslosigkeit, Identitätsverlust) verbunden. Ein deutliches Beispiel hierfür stellt das Ruhrgebiet dar.

Trotz aller wirtschaftlichen Entwicklungen in den letzten Jahrzehnten, so muss man konstatieren, hat sich eine einheitliche Geographie des tertiären Sektors noch nicht vollständig herausbilden können. Dies kann vermutlich mit der Heterogenität des Dienstleistungssektors selbst begründet werden.

A. 2.1 Anthropogeographie

Vielmehr hat die Geographie einzelne Branchen näher untersucht und hieraus Teilbereiche ihrer Wissenschaft etablieren können, so z. B. die Verkehrsgeographie, die Geographie der Freizeit und des Tourismus oder die in diesem Buch nicht mit einem eigenen Kapitel bedachte Einzelhandelsgeographie. Zu fast allen Zweigen des tertiären Sektors gibt es inzwischen wissenschaftliche Studien geographischer und nicht-geographischer Art.

Die Geographie hegt insbesondere ein starkes Interesse an den Standorten von Einzelhandelsbetrieben und Dienstleistungsanbietern. Hierbei werden gemäß wirtschaftsgeographischer Fragestellungen vor allem die Ansprüche eines Betriebes an den Raum sowie die Auswirkungen der Einrichtung auf den Raum näher betrachtet.

Ein weiteres Gewicht liegt auf der so genannten *Zentralitätsforschung*, welche alle wirtschaftsgeographischen Teilbereiche berührt und hier einmal näher erklärt werden muss. Grundlage ist die *Theorie der zentralen Orte*, die auf Walter Christaller zurückgeht. 1933 erschien sein Werk »Die zentralen Orte in Süddeutschland«, in welchem er versuchte, aus dem Zusammenwirken bestimmter ökonomischer Faktoren eine hierarchische Struktur der räumlichen Ordnung der Wirtschaft und der Siedlungen abzuleiten. In der Geographie des tertiären Sektors begründet sich die Vorstellung von einem hierarchischen System der Betriebsstandorte mit einem spezifischen Angebot auf der so genannten *Reichweite*, die ein Gut oder eine Dienstleistung zu erlangen vermag. Hierbei ist die Distanz von Bedeutung, die ein Kunde für den Erwerb dieses Gutes oder dieser Dienstleistung bereit ist zurückzulegen. Auch findet die Umsatzschwelle Berücksichtigung, die überschritten werden muss, um ein Produkt oder eine Dienstleistung noch rentabel anbieten zu können bzw. um einen Betrieb als wirtschaftlich profitabel einschätzen zu können.

Diese Überlegungen haben stark die planerischen und politischen Diskussionen, aber auch die weiteren wissenschaftlichen Ansätze befruchtet. Bei jeder Raumanalyse, sei es hinsichtlich der Siedlungs-, Verkehrs- oder Wirtschaftsstrukturen, stellt sich die Frage nach dem zentralörtlichen System und einer damit verbundenen funktionalen Charakterisierung und Typisierung.

Wer sich mit der Geographie des tertiären Sektors eingehender beschäftigen möchte, sei auf die notwendigen Kenntnisse und beruflichen Möglichkeiten in den anderen wirtschaftsgeographischen Teilbereichen verwiesen.

Bezüglich der zu erwerbenden fachlichen Kenntnisse sei noch einmal bemerkt, dass die gründliche Lektüre der Tagespresse von großer Wichtigkeit ist, wobei vor allem auch der Wirtschaftsteil ein besonderes Interesse finden sollte. Ferner bieten sich berufskundliche Praktika in allen Branchen des tertiären Sektors an, um einen Einblick in die heutige Arbeitswelt zu erhalten.

2.1.8 Verkehrsgeographie

In gleichem Maße, wie der technische Fortschritt unaufhaltsam voranschreitet, nimmt auch die räumliche Mobilität des Menschen zu, und es bildet sich ein beständig wandelndes Verkehrswesen heraus. Die räumliche Erschließung und die verkehrsorientierte Gestaltung eines Gebietes sowie die Möglichkeiten der Distanzüberwindung mit geringem Kostenaufwand (z. B. Güterfernverkehr) waren bis zur Mitte des 20. Jahrhunderts die aktuellen Themen der empirischen Regionalforschung und wurden schwerpunktmäßig von der Verkehrsgeographie bearbeitet. Diese hatte sich aus der Siedlungs- und Wirtschaftsgeographie heraus entwickelt und steht bis heute mit beiden Bereichen in einer engen Verbindung bzw. wird immer noch als ein Teilbereich der Wirtschaftsgeographie betrachtet.

Nach dem 2. Weltkrieg rückten der wirtschaftliche Aufschwung und die räumliche Differenzierung der Funktionen Wohnen, Arbeiten und Freizeit in den Vordergrund anthropogeographischer Betrachtungen. Die damit einhergehende Zunahme des Personenverkehrs brachte erhebliche Steigerungen des Verkehrsaufkommens. Insbesondere in und um Verdichtungsräumen kam es zu starken Pendlerverflechtungen. Mit einem sich rasch weiter entwickelnden Individualverkehr und den damit auftretenden ersten Engpässen sowie den frühen Anzeichen einer Ressourcenverknappung in den 1970er Jahren (die »Grenzen des Wachstums« wurden 1972 vom Club of Rome proklamiert), findet auch die Verkehrsgeographie den Weg zur Diskussion über andere, verträglichere Formen der verkehrlichen Raumnutzung. Die konkreten Auswirkungen auf den Menschen und seine Umwelt wurden zum ersten Mal in dieser Weise thematisiert.

An die verkehrsgeographische Arbeit in der gegenwärtigen Praxis werden Ansprüche aus Politik, Verwaltung, Wirtschaft sowie Natur- und Umweltschutz gestellt, wobei die Mensch-Umwelt-Problematik immer im Vordergrund steht. Gerade hinsichtlich der Verkehrsinfrastrukturplanung gilt es heute, in einer überaus mobilen Gesellschaft eine Vielzahl von miteinander verknüpften Aspekten zu beachten. Zentrale Forderungen für eine nachhaltige, d. h. zukunftsorientierte verkehrsgeographische Konzeption müssen sein:

- Eine generelle Verkehrsvermeidung sollte sowohl im Interesse der Entscheidungsträger als auch der Allgemeinheit liegen. Die Probleme des motorisierten Individualverkehrs verlangen nach alternativen und attraktiven Formen der Mobilität (z. B. öffentliche Verkehrsmittel, kurze Strecken zu Fuß oder mit dem Fahrrad, Reisen mit der Bahn etc.).
- Neu zu erstellende Verkehrswege sollten die Landschaft in ihrem Charakter nicht maßgeblich beeinträchtigen oder verändern. Ferner sollte die Sparsamkeit hinsichtlich des Flächenverbrauchs für den Verkehrswege(aus)bau ein grundsätzlicher Leitgedanke in allen planerischen Verfahren sein.
- Historisch gewachsene Siedlungen sollten durch Verkehrswege möglichst keine Beeinträchtigungen (z. B. Zerschneidungen durch stark frequentierte Hauptverkehrswege) erfahren.
- Hinsichtlich der Belastungen durch den Güterfernverkehr gilt es, sich um neue Konzepte im Transportwesen zu bemühen.
- In bereits stark vom Verkehr beeinflussten Räumen (vornehmlich Verdichtungsräume) sollten zusätzliche Verkehrsbelastungen vermieden werden. Hier ist es u. U. nötig, Umgehungsstrecken auszuweisen oder eine Umverteilung der verkehrlichen Belastung im gesamträumlichen Rahmen vorzunehmen. Weiterhin ist es erforderlich, die innerstädtische Gestaltung so zu betreiben, dass Verkehrsberuhigungsmaßnahmen dazu beitragen, dass der Fußgänger- und Fahrradverkehr wieder an Attraktivität gewinnt.
- Ferner ist es wichtig, den öffentlichen Personennahverkehr (ÖPNV) zu stärken, auszubauen und eine bessere Auslastung zu erzielen.

Die Verkehrsgeographie beschäftigt sich mit dem individuellen, gruppenspezifischen und raumspezifischen Verkehrsverhalten sowie den Nutzungsformen und Ansprüchen, die sich in den verschiedenen Mobilitätsformen ausdrücken.

Zweckorientierte Formen:

- Berufsverkehr (inklusive Pendlerwesen)
- Versorgungsverkehr

- Bildungsverkehr
- Freizeitverkehr

Formen mit unterschiedlicher räumlicher Reichweite:

- Nahverkehr
- Fernverkehr

Um verkehrsgeographische Aussagen treffen zu können, ist es unerlässlich, die Rahmenbedingungen des Verkehrswesens zu studieren, um die hier bestehenden Wechselwirkungen mit Entwicklungen in anderen einflussnehmenden Bereichen des Lebens in die eigenen Überlegungen einzubeziehen. Zu solchen sich auf das Verkehrswesen auswirkenden Faktoren zählen die demographische und ökonomische Entwicklung, der technische Fortschritt im Verkehrs- und Kommunikationswesen sowie die rechtlichen und politischen Gegebenheiten im Umwelt- und Naturschutz und in der Flächennutzungsplanung.

Hieraus leitet sich bereits ab, dass verkehrsgeographische Untersuchungen i. d. R. einen hohen Praxisbezug aufweisen und im Studium ein breit angelegter Wissensschatz aufgebaut werden muss. Vor allem wirtschafts- und siedlungsgeographische Kenntnisse, aber auch Grundzüge der Rechtswissenschaften, Sozialwissenschaften und planenden Disziplinen sowie Methodenkenntnisse (Statistik, empirische Sozialforschung, GIS) sind vonnöten. Bedingt durch die Erfordernisse, eine umweltverträgliche Verkehrsplanung zu betreiben, diese z. B. in der Politikberatung zu vertreten oder durch Umweltverträglichkeitsprüfungen (UVP) zu unterstützen, ist es erforderlich, sich im Studium auch in ausreichendem Umfange mit ökologischen Grundlagen zu beschäftigen.

2.1.9 Geographie der Freizeit und des Tourismus

In ähnlicher Form, wie der Tourismus im 20. Jahrhundert eine größere Intensität und Ausweitung auf alle sozialen Schichten gefunden hat, nahm auch der Umfang der Forschungsarbeiten zu diesem Thema in den verschiedenen Wissenschaften (Soziologie, Psychologie, Wirtschafts- und Rechtswissenschaften etc.) zu. In der Geographie hat sich der Freizeit- und Fremdenverkehr zu einem eigenen Arbeitsbereich der Anthropogeographie entwickelt. Die Untersuchungsergebnisse finden ihre Anwendung vornehmlich in der Bewertung von touristisch genutzten Räumen und in planerischen Belangen.

A. 2.1 Anthropogeographie

Die Geographie der Freizeit und des Tourismus oder auch Fremdenverkehrsgeographie (mehrere Bezeichnungen sind heute gebräuchlich, wobei herausgestellt werden muss, dass die erste Form ursprünglich aus der zweiten hervorgegangen ist) befasst sich mit dem Handeln des Menschen in seiner Freizeit und den dadurch entstehenden räumlichen Konsequenzen.

Die Verkürzung der Arbeitszeiten und die ausgedehntere Freizeit (Wochenende, Urlaub), der steigende Wohlstand in den meisten Bevölkerungsschichten, die Verfügbarkeit von Automobilen, größere Reisefreiheiten und eine verbesserte Reiseorganisation durch einen technologischen Fortschritt im Transportwesen und entsprechende Dienstleistungsunternehmen, die das Produkt »Reise« oder »Urlaub« vermarkten, verschafften dem Fremdenverkehr eine neue Position im wirtschaftlichen Gesamtgefüge. Auch für die Unter- und Mittelschichten wurde eine Reise, ein Urlaub, vor allem seit den »Wohlstandsjahren« nach dem 2. Weltkrieg immer erschwinglicher. Besondere Formen des Freizeit- und Fremdenverkehrs bildeten sich heraus.

Heute, in Anbetracht der Tatsache, dass kein Wirtschaftszweig – global gesehen – einen solchen Aufschwung erfahren hat wie der Tourismus, spricht man an etlichen Zielorten vom so genannten »Massentourismus«, aus dem sich eine Vielzahl von Problemen, z. B. hinsichtlich des Umwelt- und Naturschutzes und der sozialen wie kulturellen Verhältnisse ergeben haben. An zahlreichen Orten scheint es so, dass sich die Branche durch eine übermäßige Nutzung des Raumes »selbst den Ast absägt, auf dem sie sitzt«.

Die geographische Forschung bemüht sich nun um Erfassung, Analyse und Interpretation von Touristenströmen, deren sozio-demographische Zusammensetzung, am Zielort raumwirksamen Aktivitäten und deren konkrete Auswirkungen auf die heimische Bevölkerung und den Natur- wie Kulturraum. Vor allem bei letztgenanntem Aspekt stehen dabei die Verträglichkeit von touristischen Aktivitäten und deren unausweichliche Grenzen im Mittelpunkt der Betrachtung.

Der Tourismus ist ferner ein nicht unbedeutender Wirtschaftsfaktor, der das Überleben vieler Regionen, manchmal ganzer Staaten zu sichern scheint. Durch den internationalen Fremdenverkehr findet ein Finanztransfer statt, der, bedingt durch die Inanspruchnahme von Dienstleistungen am Zielort, Einkäufe und sonstigen Ausgaben, erhebliche Summen aus der heimischen Volkswirtschaft abzieht und in Form von Devisen ins Ausland befördert.

Auch der Bau und die Instandhaltung einer auf den Tourismus abgestimmten Infrastruktur ist als Wirtschaftsfaktor nicht zu verachten. Hieraus ergeben sich aber ebenfalls Probleme eines erhöhten Flächenverbrauchs, der zu erbringenden Investitionsleistungen, des Umweltschutzes und der zumeist nur saisonal bedeutsamen Beschäftigungsmöglichkeiten für die heimische Bevölkerung. Dies bedeutet, dass auch Betrachtungs- und Arbeitsweisen anderer anthropogeographischer Teilbereiche, insbesondere der Wirtschaftsgeographie, hier deutlich zum Tragen kommen.

Aber nicht nur der Urlaubstourismus und die Formen des Reisens in ferne Länder (z. B. der so genannte »Dritte Welt-Tourismus«) interessiert den Geographen, sondern auch die Aktivitäten des Menschen in seinem unmittelbaren Wohnumfeld – sofern sie in seiner freien, d. h. arbeitsfreien Zeit geschehen. Hier stehen insbesondere die Naherholungsmöglichkeiten sowie deren Art, Dauer (Kurzzeit- und Wochenendtourismus) und Reichweite im Vordergrund, wobei ebenfalls Fragen nach den potentiellen Problemfeldern Erörterung finden müssen.

Allgemein ergeben sich für die geographische Forschung im Fremdenverkehr und Tourismus vier Dimensionen, die eine nähere Betrachtung erfahren:

- Die *aktionsräumliche Dimension*: Hier steht die Überwindung der Distanz zwischen permanentem (Wohnort) und zeitweiligem Aufenthaltsort (Zielort) als Form der räumlichen Mobilität im Vordergrund.

- Die *standörtliche Dimension*: Hier geht es um die Infrastruktur des Zielortes, die den Fremdenverkehr ermöglicht. Es bilden sich spezifische Standorte und Standortstrukturen heraus, die sich an den Bedürfnissen des Fremdenverkehrs orientieren. In der Frühphase der touristischen Erschließung und Inwertsetzung spielt die naturräumliche »Ausstattung« eines Ortes eine besonders wichtige Rolle.

- Die *Wirkungsdimension*: Die Nutzung eines Raumes führt zu strukturellen Veränderungen. Gestaltung, Wandel, und Beanspruchung durch den Menschen stehen hier im Mittelpunkt.

- Die *planerische Dimension*: Aufgrund der Wirkungsdimension sind planerische Maßnahmen für eine zukunftsorientierte Gestaltung vonnöten und Gegenstand der Bemühungen.

Aufgrund der geschilderten, mit dem Freizeitverhalten des Menschen einhergehenden Probleme, steht man bereits gegenwärtig vor der Herausforderung, den Tourismus künftig so zu gestalten, dass er den Prinzipien der Nachhaltigkeit (d. h. ökologisch, sozial und ökonomisch verträgliche Entwicklung) gerecht wird. »Öko-Tourismus«, »Naturtourismus« oder »nachhaltiger Tourismus« sind nur drei Schlagworte, die in diesem Zusammenhang diskutiert und von der Touristikbranche bereits profitabel vermarktet werden.

Die miteinander im Zusammenhang stehenden Faktoren, die den Tourismus und seine Auswirkungen bedingen, gilt es in diesem Teilgebiet der Geographie unter Hinzuziehung der Ergebnisse anderer Disziplinen zu analysieren. Die nötigen Kenntnisse im geographischen Bereich liegen insbesondere im wirtschaftsgeographischen, verkehrsgeographischen, siedlungsgeographischen und bevölkerungsgeographischen Arbeitsfeld. Auch einschlägige Methodenkenntnisse z. B. in der Statistik und empirischen Sozialforschung sind unerlässlich. Ferner sollte man sich gute Sprachkenntnisse (*mindestens* Englisch) aneignen, da eine Tätigkeit im Ausland für eigene Untersuchungen oft die notwendige Grundlage bildet.

2.2 Physische Geographie

Die Physische Geographie oder auch *Physiogeographie* verfolgt gemäß ihrer Zuordnung zu den Naturwissenschaften das Ziel, die physische Umwelt des Menschen zu erfassen, zu beschreiben, zu analysieren und hinsichtlich ihrer Entwicklungsgeschichte zu erklären. Insbesondere die in der Landschaft ablaufenden natürlichen Prozesse werden mittels geeigneter Begriffe, Methoden und Szenarien untersucht. Die Physische Geographie lässt sich zu den Umweltwissenschaften rechnen.

Die Physische Geographie betrachtet die einzelnen biotischen (belebt, lebendig) und abiotischen (unbelebt) Faktoren unserer Umwelt wie Erdoberflächenform, Klima, Boden, Wasser, Vegetation und Tierwelt, welche die Untersuchungsgegenstände der nachfolgend beschriebenen Teildisziplinen darstellen.

Ferner unterhält sie, ebenso wie alle anderen Bereiche der Geographie, enge Verbindungen zu den Nachbardisziplinen. Zu ihnen zählen insbesondere die Geologie, Mineralogie, Bodenkunde, Meteorologie, Geophysik, Geochemie, Biologie (insbesondere Botanik, Zoologie, Anthropologie und Ökologie), aber auch die Ingenieurwissenschaften.

Ebenso gehört die Auseinandersetzung mit anthropogeographischen Fragestellungen und Arbeitsergebnissen zu den Notwendigkeiten physisch-geographischer Arbeit, da die Einflussnahme des Menschen auf den Raum und alle in ihm ablaufenden natürlichen Prozesse erheblich ist und nur ein integrativer Weg zukünftig den gewünschten Arbeitserfolg erbringen kann.

Den an der Physischen Geographie interessierten Studierenden, die hier ihren fachlichen Studienschwerpunkt erkennen wollen, seien fundierte naturwissenschaftliche Kenntnisse ans Herz gelegt. Grundzüge aus den oben erwähnten Nachbarwissenschaften sowie die Bereitschaft zur Aneignung naturwissenschaftlicher Methodenkenntnisse sind unerlässlich.

2.2.1 Klimageographie

Die *Klimageographie* nimmt eine Stellung zwischen der *Klimatologie* und der Geographie ein. Gerne synonym als Klimatologie – damit aber nicht korrekt – bezeichnet, betrachtet die Klimageographie vermehrt das Mikro- und Mesoklima (z. B. das Stadt- und Geländeklima), während sich die Klimatologie dem Makroklima, d. h. der großräumigen bis globalen Klimaanalyse widmet. Eine klare thematische Abgrenzung zwischen beiden Bereichen ist aber hinsichtlich eines so komplexen Gefüges wie dem Klima nicht immer zu ziehen. Die Übergänge, gerade auch hinsichtlich der Methoden zur Erfassung klimatischer Erscheinungen, sind fließend.

Die Klimageographie betrachtet die klimatischen Umstände als einen Bestandteil der Landschaft und des Landschaftshaushaltes, wobei das Wechselspiel zwischen den Prozessen in der Atmosphäre und denen unmittelbar auf der Erdoberfläche im Zentrum des Interesses steht. Durch die Oberflächenformen, die Vegetation und die Bebauung entstehen räumliche Differenzierungen, die sich in Form von Kleinklimaten (z. B. Stadtklima) ausdrücken.

Die klimatischen Gegebenheiten wiederum haben einen beträchtlichen Einfluss auf andere Geo- und Biofaktoren. Ein Beispiel bietet hier die *Phänologie*, die sich als Zweig der Klimatologie, aber auch der Botanik versteht und sich mit Wachstumsentwicklungen wildwachsender und kultivierter Pflanzen in Abhängigkeit von Witterung und

Klima beschäftigt. Auch die Klimaökologie untersucht diese und andere Wirkungsgefüge.

Maßgeblichen Einfluss auf die Klimageographie hat die *Meteorologie* (Wetterkunde). Sie beschäftigt sich mit den Ursachen und Charakteristika des Wettergeschehens und erfasst in ihren Untersuchungen im Gegensatz zur Klimatologie und Klimageographie auch die höheren Schichten der Atmosphäre. Die Meteorologie hat mittlerweile eine stark geophysikalische Neigung ausgebildet.

Die Klimatologie wiederum versteht sich als ein Teilgebiet der Meteorologie und erarbeitet Analysen mittel- bis langfristiger Erscheinungen des Witterungsablaufs. Jährliche und sich über längere Zeiträume erstreckende Schwankungen werden in einen räumlichen Bezug gebracht, und ein Augenmerk richtet sich ebenfalls stark auf die physikalischen Gegebenheiten, welche in der mittleren bis höheren Atmosphäre eine Rolle spielen.

Ferner haben Agrarwissenschaftler und Mediziner zur Erkenntnisgewinnung auf diesem Feld beigetragen. Erstere haben hinsichtlich der signifikanten Einflüsse, die das Klima auf die landwirtschaftliche Produktion hat, ein gesteigertes Interesse an den in der Erdatmosphäre ablaufenden Prozessen; letztgenannte betrachten das Klima als einen Einflussfaktor auf die menschliche Gesundheit und das damit verbundene Wohlbefinden (Stichwort: »Wetterfühligkeit«).

1883 verfasste Julius von Hann, einer der ersten Vertreter der klimatologischen Forschung, eine auch später noch oft zitierte, da sehr umfassende Definition: »Unter Klima verstehen wir die Gesamtheit der meteorologischen Erscheinungen, welche den mittleren Zustand der Atmosphäre an irgendeiner Stelle der Erdoberfläche charakterisieren. Was wir Witterung nennen, ist nur eine Phase, ein einzelner Akt aus der Aufeinanderfolge der Erscheinungen, deren voller, Jahr für Jahr mehr oder minder gleichartiger Ablauf das Klima eines Ortes bildet. Das Klima ist die Gesamtheit der ›Witterungen‹ eines längeren oder kürzeren Zeitabschnittes, wie sie durchschnittlich zu dieser Zeit des Jahres einzutreten pflegen.«

Hinsichtlich der geographischen Betrachtungsweise lässt sich ein anderes Zitat, diesmal von Joachim Blüthgen aus dem Jahre 1966, heranziehen: »Das geographische Klima ist die für einen Ort, eine Landschaft oder einen größeren Raum typische Zusammenfassung der erdnahen und die Erdoberfläche beeinflussenden atmosphärischen Zustände und Witterungsvorgänge während eines längeren Zeitraumes in charakteristischer Verteilung der häufigsten, mittleren und extremen Werte«. Zu den Bemühungen um Rekonstruktion vorzeitlicher Klimate (Bereich der *Paläoklimatologie*), kommen heute ebenfalls prognostische Anforderungen hinsichtlich zu erwartender Klimaveränderungen.

Methodisch arbeitet die Klimaforschung mit einer Reihe von Messgeräten zur Erfassung der einzelnen Faktoren wie Niederschlag, Wind, Temperatur, Luftdruck, Luftfeuchtigkeit, Bewölkung und Sichtstufe. Die an einem Standort messbaren Daten werden mit Hilfe von Klima(mess)stationen (je nach Bedarf fest oder mobil) erhoben und lokalklimatischen Interpretationen zugeführt. Größere Beobachtungen erfolgen über einige wenige Observatorien; speziellen Forschungsfragen, z. B. für die Agrarklimatologie, stehen auch besondere Messstationen zur Verfügung. Ferner unterstützen Wettersatelliten die Beobachtungsmöglichkeiten aus dem All.

An der Klimageographie und ihren Nachbardisziplinen interessierten Studierenden kann man nur raten, sich ebenfalls mit physikalischen und chemischen sowie mathematischen Grundlagen auseinanderzusetzen. Klimatische Vorgänge und deren Erforschung erfordern ein breit angelegtes naturwissenschaftliches Verständnis und Abstraktionsvermögen.

Hinsichtlich der von den Medien und Teilen der Wissenschaft problematisierten Klimaveränderungen in Form von Ozonloch, Treibhauseffekt und einer allmählichen Erwärmung des Globalklimas ist das allgemeine Interesse an diesen umweltrelevanten Fragestellungen nach wie vor groß. Hier ergibt sich in der Zukunft mit Sicherheit ein weiterer Forschungs- und Umsetzungsbedarf (z. B. in der Immissionsklimatologie), der sich in qualifizierten Arbeitsplätzen im Umwelt- und Naturschutz ausdrücken dürfte.

2.2.2 Geomorphologie

Der Begriff *Geomorphologie* leitet sich aus dem Griechischen ab und kann mit »Wissenschaft von den Formen des Landes« übersetzt werden. Die Aufgabe der Geomorphologie ist es, die Formen der festen Erdoberfläche zu beschreiben, die formbildenden Prozesse zu erfassen und unter Hinzuziehung dieser Kenntnisse auf mögliche Entwicklungen zu schließen.

Die Geomorphologie ist zwischen der Geologie, der Bodenkunde und der Geographie anzusiedeln. Die Erforschung räumlicher Differenzierungen geomorphologischer Erscheinungen setzt eindeutig geographische Denk- und Arbeitsweisen voraus, während die Entwicklung der Erdkruste und der damit sich in Abhängigkeit befindlichen Oberfläche nur auf erdhistorischem Hintergrund ermittelt werden kann. In Deutschland wird die Geomorphologie in erster Linie in den geographischen Instituten vertreten, in anderen Ländern z. T. in den geologischen Einrichtungen.

Inhaltliche Teilgebiete der Geomorphologie sind: Fluvialmorphologie (Formengestaltung durch Fließgewässer), Glazialmorphologie (Formengestaltung durch Gletschereise), Küstenmorphologie (Formengestaltung an der Grenze von Land und Meer), Klimageomorphologie (Formengestaltung durch das Klima) und klimagenetische Geomorphologie (Erklärung siehe unten), Karstmorphologie (Formengestaltung durch Lösungsprozesse an der Oberfläche oder im Gestein) sowie die Angewandte Geomorphologie.

Gebirge, Hänge, Täler, Flussbetten oder Küsten, aber auch Riffe oder Tiefseegräben stellen terrestrische (zur Landoberfläche gehörende) bzw. marine (dem Meer angehörende) Landformen dar, deren Entstehung und Veränderungen in raum-zeitlicher Hinsicht untersucht werden. Zweifellos steht gegenwärtig der terrestrische Formenschatz im Vordergrund geomorphologischer Bemühungen.

Die Formengestalt der Erdoberfläche unterliegt einem beständigen Wandel. Hebungen und Senkungen, Stauchungen, Verbiegungen und Verschiebungen sind auf Bewegungen der Erdkruste zurückzuführen (*endogene Prozesse*) und werden an der Oberfläche sichtbar. Entstandene Formen unterscheiden sich in ihrer Höhe und inneren Struktur. Permanente Abtragungs- und Ablagerungsprozesse (*exogene Prozesse*) von Gesteins- und Bodenmaterial tragen zu einem sich fortlaufend ändernden »Gesicht der Erde« bei. Jede Landform, die auf der Erdoberfläche eine bestimmte Lage und Größe einnimmt, existiert nur eine gewisse Zeit im erdgeschichtlichen Ablauf. Andere Formen treten an ihre Stelle. Wo sich heute die Alpen als Faltengebirge majestätisch erheben, bedeckte vor etwa 70 Millionen Jahre ein Meer weite Sedimentanreicherungen. Auch die Alpen unterliegen bereits wieder dem Abtragungsprozess und ihre Existenz wird ebenfalls nicht von Dauer sein.

Der geomorphologische Formenschatz umfasst jedoch nicht nur Großformen wie Gebirge, Flusstäler oder Dünen, sondern auch Kleinstformen, z. B. die »Einschlagkrater« von Regentropfen auf einer ebenen Sandfläche. Auch ihre Existenzdauer wird durch Verwehungen oder Verspülungen und damit erneut durch Einebnungsprozesse begrenzt. Generell gilt: Je größer und widerstandsfähiger eine Form ist, um so länger bleibt sie erhalten, um so langsamer schreitet ihr »Verfall« voran.

Den geomorphologischen Forschungsprozess kann man in drei Stufen unterteilen: in die *Morphographie, funktionale Geomorphologie* und *historisch-genetische Geomorphologie*.

Die *Morphographie* strebt eine Beschreibung der Landformen bezüglich ihrer Geometrie, ihrer Lage im Raum und ihrer Einordnung im gesamtmorphologischen Gefüge an. Ferner widmet sie sich der Beschaffenheit der Oberflächen und der Erfassung von Spuren, die bestimmte natürliche Prozesse (z. B. eine Hangrutschung) dokumentieren. Morphographische Arbeiten finden ihren Niederschlag in geomorphologischen Kartenwerken und Klassifikationen. Beobachtungen im Gelände, Auswertungen von Luft- und Satellitenbildaufnahmen sowie geeigneter Karten tragen zur morphographischen Arbeit bei. Praktische Anwendungen findet die Morphographie in der Lagerstättenerschließung, der Planung, der Landwirtschaft oder im Bauwesen.

Die *funktionale Geomorphologie* widmet sich den funktionalen Zusammenhängen von Landformen, Gesteins- und Bodenmaterialien sowie den ablaufenden Prozessen. Insbesondere der natürliche Fortgang von Abtragung, Transport und Ablagerung in seiner räumlichen Differenzierung steht hier im Interessensmittelpunkt. Beobachtungen im Gelände sowie Rekonstruktionen und Materialuntersuchungen im Labor stützen dabei die Hypothesenbildung und spätere Herleitung von Gesetzmäßigkeiten.

Unter *historisch-genetischer Geomorphologie* versteht man die so genannte morphogenetische Arbeit, d. h. die Beschäftigung mit der Entstehung und erdgeschichtlichen Entwicklung von Landformen. Da insbesondere die Großformen zehntausende bis sogar mehrere zehn Millionen Jahre alt sein können, kommen hier die wechselnden klimatischen und tektonischen (den Bau und die Dynamik der Erdkruste betreffenden) Gegebenheiten im erdgeschichtlichen Verlauf besonders zum Tragen. Die Betonung der klimatischen Einflüsse fasst man unter der Bezeichnung *Klimagenetische Geomorphologie* zusammen. Um eine Altersbestimmung einzelner Landformen und Prozesse vornehmen zu können, versucht man mittels unterschiedlicher Datierungsmethoden eine erdhistorische Einordnung durchzuführen. Die historisch-genetische Geomorphologie bedient sich ferner einer Reihe von Methoden aus anderen Wissenschaften, z. B. der Geologie, Mineralogie, Paläontologie (Fachgebiet der historischen Geologie, das sich mit der vorzeitlichen Flora und Fauna beschäftigt) etc.

Legt man seinen Studienschwerpunkt auf geomorphologische Fragestellungen, sind fundierte Kenntnisse aller physisch-geographischen Teilbereiche erforderlich. Insbesondere aber sollte man sich ein breites Wissensspektrum in den folgenden Nachbar- und Hilfsdisziplinen aneignen: Geologie, Botanik, Klimatologie, Hydrologie, Geoökologie, Bodenkunde, ggf. Mineralogie, Geophysik und Geochemie sowie in Fernerkundung, Geodäsie, Kartographie und Geographischen Informationssystemen (GIS). Hinzukommen muss eine Freude an der Arbeit im Freien (Gelände) und die dafür notwendige körperliche »Tauglichkeit«.

2.2.3 Hydrogeographie

Wasser ist ein lebensnotwendiges Element und Grundlage allen Lebens. Ebenso gehört es zu den Naturraumpotentialen, aus denen der Mensch Energie und materielle Güter gewinnen kann. Wasser unterliegt in seiner Qualität deutlichen Schwankungen in zeitlicher und räumlicher Hinsicht. Sowohl als Nutzungspotential (häuslicher Verbrauch, Energiegewinnung, landwirtschaftliche Nutzung etc.) wie auch als Risikofaktor (Überschwemmungen, Dürre) kann dieses Element in bedeutsamer Weise in Erscheinung treten.

Durch einen zu hohen, geradezu verschwenderischen Verbrauch und durch Verunreinigungen entzieht sich der Mensch aber selbst mehr und mehr diese in Qualität wie in Quantität wichtige Ressource. Allein die Weltmeere gelten heute als Sammelbecken für zahlreiche Formen der Verschmutzung, vor allem durch chemische Einträge. Aber auch atmosphärische Schmutzpartikel, Düngestoffe aus der Landwirtschaft, industrielle und gewerbliche Abwassereinleitungen, Lecks und Unfälle oder simple häusliche Abfalleinträge führen zu einer starken *Euthrophierung* (Übersättigung durch Nährstoffe) oder schlichten »Verseuchung« der Gewässer und damit in letzter Konsequenz zu einer alles Leben bedrohenden Situation.

Ein rasend schnell fortschreitender Umwandlungsprozess, d. h. eine zunehmende Transformation von Wäldern, Wiesen und Feldern in Straßen, Gewerbe- und Industrie- oder Wohnflächen verursacht einen »Landschaftsverbrauch«, der die ökologisch wirksamen Faktoren (z. B. das Wasser) deutlich negativ beeinflusst.

Auch die dramatisch wachsende Erdbevölkerungszahl wird in Zukunft noch wesentlich stärker einen Kampf um das Wasser als Lebensgrundlage führen. Dies betrifft insbesondere die ohnehin armen Länder in den Trockengebieten dieser Erde.

In der wissenschaftlichen Welt beschäftigt sich die *Hydrologie* – die Kunde vom Wasser – mit sowohl den natürlich ablaufenden Prozessen als auch zunehmend mit den von Menschenhand verursachten Problemen. Dabei betrachtet sie das Wasser in seinem Vorkommen, seinem Kreislauf und physikalischen Eigenschaften, aber auch in den vielfältigen Wechselbeziehungen mit den umgebenden Medien oberhalb, auf und unterhalb der Erdoberfäche sowie dem Menschen. Modellierungen und Modellbildungen sowie Bilanzierungen von Wasser- und Stofftransporten spielen im Methodenkanon der Hydrologie eine wichtige Rolle.

Die Hydrologie untergliedert sich ferner in zwei weitere Arbeitsgebiete: Die *Gewässerkunde* (Hydrologie des Festlandes) und die *Meereskunde* (Hydrologie des Meeres). Beide Wissensgebiete gelten heute bereits als selbstständige Wissenschaften und Nachbardisziplinen der Geographie.

Im Mittelpunkt der Gewässerkunde steht der Wasserkreislauf, beginnend mit dem Niederschlag, der sich auf dem Festland in unterschiedlichen Formen sammelt, und dem Rückfluss des Wassers zum Meer. Die Flusskunde setzt sich mit den oberirdisch fließenden Gewässern auseinander, die Limnologie (Seekunde) betrachtet die oberflächlich stehenden Gewässer und als Geohydrologie (auch Hydrogeologie) wird die Lehre vom unterirdisch fließenden Wasser, in erster Linie dem Grundwasser, bezeichnet. Nicht zu vergessen sei die Glaziologie (Gletscherkunde), die das Wasser in seiner besonderen, vielleicht ästhetisch reizvollsten oder imposantesten Art zum Gegenstand erkoren hat: als fester Körper in der Form von Gletschern. Die »Ökonomisierung des Wassers« ist u. a. Inhalt der Wasserwirtschaft. Die Sicherung und Reinhaltung der Gewässer kommt der Gewässergütewirtschaft zu.

Was nun beinhaltet noch die Hydrogeographie? Sie widmet sich dem Wasser als einem Bestandteil der Landschaft mit einem konkreten Bezug zu anderen Bestandteilen wie der Oberflächengestalt, der Vegetation oder dem Boden. Insbesondere das Erkennen hydrologischer Ge-

A. 2.2 Physische Geographie

setzmäßigkeiten und Wasserhaushaltsanalysen spielen eine zentrale Rolle.

Oberflächenabfluss, Infiltration (Einsickerungsprozess von Wasser in den Boden), Grundwasserabfluss und -neubildung und Bodendurchsickerung sind wesentliche Formen des Wasser- und Stofftransportes und somit Gegenstand der Hydrogeographie. Ferner werfen Austauschprozesse mit den vom Wasser durchflossenen Substraten – hier allerdings mehr hydrologische denn hydrogeographische – Forschungsfragen auf.

Wie allen geographischen Arbeitsbereichen immanent, betrachtet auch die Hydrogeographie insbesondere die räumlichen Auswirkungen, die das Wasser in seinen verschiedensten Aggregaten aufweisen kann. Regionale Betrachtungen, z. B. hinsichtlich der Landnutzung oder Grundwasserneubildung in einer Wassereinzugsgebietslandschaft bilden den Kern der hydrogeographischen Arbeit.

Der Mensch als größter Konsument und Verursacher so zahlreicher Schäden rückt mehr und mehr in das Blickfeld von dem Umweltschutz zuträglichen Untersuchungen. Besonders die Rolle des Wassers als Stofftransporteur (sowohl Sedimente wie auch Nähr- und Schadstoffe) verschafft der Hydrogeographie Zugang zu einem interdisziplinären Arbeitsfeld, wobei die Biologie, besonders die Ökologie, ein wichtiger Partner ist (weitere seien unten genannt).

Es lässt sich ferner konstatieren, dass alle »Hydro-« Wissenschaftsdisziplinen eng miteinander in Verbindung stehen und viele Arbeitsbereiche thematische Überschneidungen aufweisen. Grenzen wären kontraproduktiv und schwer zu ziehen, da es sich ja um *ein* Erkenntnisobjekt handelt.

An der Hydrogeographie interessierte Studierende sollten sich vor allem mit der Geologie, Biologie (insbesondere Ökologie), Meteorologie, der Klimageographie, der Geomorphologie, der Vegetationsgeographie sowie der Physik und Chemie vertiefend befassen. Ferner berücksichtigen auch die Agrarwissenschaften, die Forstwissenschaften, die Landespflege und einige Ingenieurwissenschaften (Wasserbau, Hydraulik etc.) die hydrologischen Verhältnisse auf der Erde, so dass sich hier u. U. mannigfaltige praktische Arbeitsgebiete bei entsprechendem Kenntnisstand in diesen Nachbardisziplinen eröffnen können.

2.2.4 Bodengeographie

Die Bodengeographie bewegt sich zwischen der Bodenkunde und der geographischen Betrachtungsweise des Bodens sowie der Bodenbildung in seiner räumlichen Differenzierung. Hierunter ist insbesondere die Beziehung zwischen den bodenbildenden Prozessen und dem jeweiligen geographischen Standort zu verstehen, wobei man folgerichtig davon ausgehen kann, dass die Art der Bodenbildung sowie der sich herausbildende Boden selbst ein »Produkt« ihrer bzw. seiner Umwelt ist.

Die Bodengeographie befasst sich mit einem außerordentlich kostbaren Gut, welches mit Wasser, Luft und Lebewesen »durchsetzt« ist. Der Boden bildet sich an und unter der Erdoberfläche in der Kontaktzone von *Lithosphäre* (der durch festes Gestein gebildete Erdmantel) und Atmosphäre. Er entsteht unter dem Einfluss der an der Erdoberfläche wirksamen Kräfte (Bodenbildungsfaktoren) und stellt im Prinzip ein sich beständig weiterentwickelndes Umwandlungsprodukt dar, das als Verwitterungsschicht aus mineralischen und organischen Substanzen zusammengesetzt ist. Als bodenbildende Faktoren können genannt werden: Klima, Relief, Wasser, Ausgangsgestein, Flora und Fauna, der Mensch und seine Tätigkeiten sowie die Zeit.

Durch die Produktion und Verlagerung neugebildeter Substanzen in einem Boden entstehen charakteristische Abfolgen von Bodenhorizonten, welche sich dann gemäß ihrer Schichtung zu Bodentypen zusammenfassen lassen. Die so zu ermittelnden typischen Eigenschaften eines Bodens geben dem Experten Aufschluss über vergangene und aktuelle natürliche Prozesse, die bei der Rekonstruktion räumlicher und zeitlicher Veränderungen in der Landschaft von großem Nutzen sind. Man spricht vom Boden als einem »Archiv der Natur- und Kulturgeschichte«, mit dessen Hilfe sich auch siedlungsgeographische, archäologische oder anthropologische Fragen beantworten lassen.

Unter ökologischem Gesichtspunkt gesehen, dient der Boden als Lebensraum für unzählige Kleinstlebewesen und als Standort für höhere Pflanzen. Er speichert lebenswichtige Nährstoffe sowie Wasser. Nicht zuletzt stellt er die Nahrungsgrundlage für Mensch und Tier dar und funktioniert als Puffer oder Filter, welcher schädliche Stoffe zu absorbieren vermag. Der Schutz des Bodens ist also eine unabdingbare Voraussetzung für ein intaktes Ökosystem!

Aus der Beschreibung des komplexen Systems Boden geht bereits hervor, dass die Bodengeographie, ähnlich der Bodenkunde, die Hilfe einer Reihe anderer Wissenschaften benötigt, die sich mit den anderen landschaftswirksamen Faktoren beschäftigen. Zu Fächern wie Geologie, Botanik, Klimatologie oder Hydrologie kommen aber auch planerische Disziplinen und vor allem die Agrar- und Forstwissenschaft. Ferner ergänzen Arbeiten im bodenkundlichen Labor die Kenntnisse.

Studierende, die für sich einen Studienschwerpunkt in der Bodengeographie erkennen, sollten sich in feldmethodischen, geochemischen, geophysikalischen und geomorphologischen Grundlagen üben. Insbesondere die bodenanalytische Arbeit im Labor erfordert gute Voraussetzungen in den naturwissenschaftlichen Fächern. Aber auch Kenntnisse in der Kartographie (Bodenkarten!) sowie in allen anderen physisch-geographischen Teilgebieten sind unabdingbar.

2.2.5 Vegetationsgeographie

Die Vegetationsgeographie gilt als ein Überschneidungsbereich von Geographie und Botanik. Innerhalb der Geographie wird die Vegetationsgeographie mit der Tier- oder Zoogeographie, der Bodenkunde, der Bioklimatologie, der physischen Anthropogeographie und der Geomedizin zur so genannten »Biogeographie« zusammengefasst.

Die Vegetationsgeographie untersucht die Beziehung der Pflanzen zu ihrer Umwelt und stellt sie somit in einen räumlichen Bezug. Dem Standort von Pflanzen und der Verbreitung von Pflanzengemeinschaften gilt die Aufmerksamkeit des Vegetationsgeographen.

Im Sinne einer komplexen Umweltforschung kommt der Vegetation und der sie erforschenden Disziplinen – neben der Botanik – der Vegetationsgeographie eine zentrale Rolle zu.

Ziel der Untersuchungen ist es, eine natürliche Ordnung zu erkennen, nach der sich die Vegetation auf der Erdoberfläche zu verbreiten scheint. Hieraus lassen sich Gesetzmäßigkeiten ableiten, aus denen wiederum Lebensraumtypen für eine bestimmte Vegetation abgeleitet werden können.

In der Vegetationsgeographie lassen sich vier Teilgebiete unterscheiden: die Areal- und Florenkunde, die Standortlehre oder ökologische Pflanzengeographie, die Vegetationskunde (auch Pflanzensoziologie) und die historisch-genetische Pflanzengeographie. Die Übergänge zwischen den einzelnen Bereichen sind fließend.

Die *Arealkunde* beschäftigt sich im wesentlichen mit der räumlichen Verbreitung der einzelnen pflanzensystematischen Einheiten (Arten, Gattungen etc.) und versucht hierüber so genannte »Verbreitungsareale« zu identifizieren.

Die *Standortlehre* oder die *ökologische Pflanzengeographie* untersuchen die Beziehung der Pflanzen und ganzer Pflanzengesellschaften zu der sie umgebenden Umwelt. Damit sind in erster Linie der Standort und seine ökologischen Bedingungen (Einfluss von Klima, Boden und Lebewesen) gemeint, der ein bestimmtes Wachstum und eine spezifische Verbreitung erlaubt.

Die *Vegetationskunde* (auch *Pflanzensoziologie*) umfasst Untersuchungen, die sich mit Pflanzengesellschaften, ihrer Ordnung, Verbreitung und Ökologie beschäftigen.

Der *historisch-genetische Ansatz* geht von der Entwicklung der Vegetation auf erdhistorischem Hintergrund aus. Dabei spielt die Florenverteilung und Florenwanderung (Verbreitungsmuster, die sich im Verlaufe der Erdgeschichte »wandernd« über die verschiedenen Kontinente hinweg bewegt haben) zu bestimmten Zeiten in der Entwicklungsgeschichte der Landschaftsräume eine wesentliche Rolle.

Die Pflanzendecke der Erdoberfläche kann als Indikator für die klimatische Situation und die Bodenverhältnisse herangezogen werden. In den verschiedenen Klimaten herrschen verschiedene Wuchsformen vor, wobei durch die Betrachtung ihrer Verbreitung Aussagen über das Klima gemacht werden können. Ebenso kann aus der örtlichen Differenzierung der Vegetation die Beschaffenheit des Bodens abgeleitet werden.

Soweit die Bedingungen in einem Raum in etwa gleichartig sind, erscheint auch die Vegetation in groben Zügen homogen. Kommt es zu kleinräumigen Differenzierungen, kann auch die Vegetation auffallend stark variieren. Demnach wird in der Vegetationsgeographie ein Schwerpunkt auf die Frage nach dem Standort gelegt. Die Gesamtheit aller äußeren Einflüsse, die auf eine Pflanze oder eine Pflanzengemeinschaft innerhalb ihres Lebensraumes einwirken, verbinden sich in dieser Frage nach dem Standort.

Schon aus der Kenntnis der spezifischen Standortansprüche (Temperatur, Feuchtigkeit, Beleuchtung, Wind, chemische und physikalische Untergrundbeschaffenheit, Einflüsse durch Mensch und Tier etc.) einzelner Arten lassen sich weitreichende Schlüsse auf die Umweltgegebenheiten ziehen.

Bedingt durch die Tatsache, dass der Mensch in außerordentlichem Maße in die natürlichen Prozesse der Pflanzenwelt eingreift und sie umgestaltet, ergeben sich eine Vielzahl von ökologischen, nachgeordnet aber auch ökonomischen und sozialen Problemen. Die Umwandlung oder gar Vernichtung ganzer Ökosysteme (Wälder, Moore etc.), die Dezimierung von Pflanzenarten und die Ausweitung von Wirtschafts- (Land- und Forstwirtschaft, Weinberge etc.) und Siedlungsflächen werfen Fragen auf, zu deren Beantwortung vegetationsgeographische Kenntnisse erforderlich werden.

Umwelt-Monitorings, Planungskonzepte im Natur- und Umweltschutz oder Renaturierungs- und Rekultivierungsplanungen zur weitgehenden Wiederherstellung des »ökologischen Gleichgewichts« geschädigter Flächen sind nur einige Beispiele aus einem umfangreichen Maßnahmenspektrum, welche zum Schutz der Pflanzenwelt ergriffen werden müssen. In Forschung und Praxis ergeben sich vielfältigste Aufgaben, die der Geographie, aber auch der Biologie, der Landespflege, der Agrar- oder der Forstwissenschaft zukommen.

Die biogeographische Raumbewertung und die damit einhergehenden Kriterien für einen verträglicheren Umgang mit lebendigen Systemen können dazu dienen, dem Menschen die Folgen seines Handelns sowohl für die ihn umgebende Natur als auch für die sozialen und wirtschaftlichen Verhältnisse, in denen er selbst lebt, offenzulegen.

Für den an der Vegetationsgeographie besonders interessierten Studierenden ergeben sich hieraus die Erfordernisse, sich vor allem mit der Botanik und den angrenzenden Nachbardisziplinen sowie den weiteren Teilbereichen der Physischen Geographie näher zu beschäftigen.

2.2.6 Tiergeographie

Wie im vorhergehenden Kapitel bereits erwähnt, gehört auch die Tier- oder Zoogeographie zu der so genannten Biogeographie und damit zu einem Überschneidungsbereich zwischen Geographie und Biologie, namentlich hier der Zoologie. Aus dieser Tatsache ergibt sich, genauso wie bei der Vegetationsgeographie, eine Verbindung zu einer dritten Wissenschaft: der Ökologie, d. h. der Lehre von den Umweltbeziehungen der Lebewesen.

Die Tiergeographie beschäftigt sich mit der räumlichen Verbreitung von Tieren und Tiergemeinschaften auf der Erdoberfläche. Dabei lautet die Forschungsfrage: Wo kommt eine bestimmte Tierart vor und warum gerade dort? Diese Frage ist nicht leicht zu beantworten, da sich bei Tieren oft keine absolute »Standorttreue« feststellen lässt. Ferner kann man die Verbreitung einer Tierart auf ganz unterschiedliche Weise zu erfassen versuchen. Eine Art kann z. B. eine geographische Verbreitung aufweisen und ihren Lebensraum im nördlichen Afrika einnehmen. Kommt man zu der Antwort »tropischer Regenwald« als Verbreitungsgebiet, so würde man etwas über den Naturraum aussagen. Lebt eine Tierart vornehmlich in Flussnähe, würde die ökologische Betrachtungsweise greifen. Mit der »zoologischen Brille« betrachtet, kann eine Tierart aber auch als Schmarotzer in Symbiose mit einer anderen Tierart existieren, z. B. in deren Fell oder Gefieder. Auch in diesem Falle liegt ein »Verbreitungsgebiet« vor.

Man unterscheidet in der Tiergeographie die ökologische Tiergeographie und die historische Tiergeographie. Erstgenannte untersucht die Beziehung von Tieren zu ihrer Umwelt, d. h. konkret zu Einflussgrößen wie Klima (vornehmlich Temperatur, Feuchtigkeit, Lichtverhältnisse, Luftströmung etc.), Boden (z. B. Salzgehalt, Kalkgehalt etc.), Oberflächenformen, Nahrungssituation, Artgenossen, Feinde, menschliche Eingriffe etc.

Das Zusammenspiel bestimmter Faktoren an einem Standort ermöglicht erst die Existenz einer spezifischen Tierart. Der Lebensraum wird durch diese Kombination »abgesteckt«, da jenseits der »Grenzen« keine ausreichende Anpassung an die jeweils dort herrschenden Verhältnisse besteht.

In diesem Zusammenhang muss darauf hingewiesen werden, dass nicht immer unbedingt die »großräumigen Faktoren« im Sinne von großklimatischen Einflüssen die entscheidende Rolle spielen, sondern vor allem das *Mikroklima*, welches eine Art in ihrem Lebensraum vorfindet. Gemeinschaften, die in Flussnähe, an einem See oder in Baumkronen leben, sind speziell an diesen *Mikrokosmos* angepasst. So beispielsweise Ameisen, die in ihrem Ameisenhaufen eine bestimmte Temperatur, Belüftung oder einen speziellen Feuchtegrad vorfinden und nur unter diesen Bedingungen existieren können.

Keiner dieser das Leben beeinflussenden Faktoren wirkt isoliert. Es bestehen Beziehungen untereinander und eine Wechselwirkung sowohl mit einem einzelnen Tier als auch mit einer ganzen Tiergemein-

A. 2.2 Physische Geographie

schaft. Daraus ergibt sich ein Faktorengefüge, welches den Lebensraum bestimmt und als »Biotop« bezeichnet wird. Faktorengefüge kommen in der Natur in ganz bestimmten Kombinationen vor und bedingen dadurch ganz unterschiedliche Anpassungsstrategien von Seiten der Organismen: Wüstentiere haben sich an hohe Temperaturen, geringe Luftfeuchtigkeit und Trockenheit angepasst; Tiere in Gewässern können bei niedrigen Temperaturen, einem hohen Druck und in Dunkelheit existieren; Höhlenbewohner sind an Kälte, Feuchtigkeit und ebenfalls an Dunkelheit gewöhnt. Gemäß ihrer Anpassungsleistung bestehen für diese Tiere in Lebensräumen, in denen sie ein nahezu maximales Vorkommen ausbilden können, gute Überlebenschancen. Ein solcher Lebensraum wird *Habitat* genannt.

Ein weiteres Faktorengefüge bestimmt maßgeblich den Lebensraum einer Tierart. Die biotischen (im Unterschied zu den gerade beschriebenen abiotischen) Faktoren, wie andere Tier- und Pflanzenvorkommen, können vielfache Funktionen erfüllen. Die Vegetation bietet neben dem lebenswichtigen Sauerstoff Nahrung, Schutz und oft auch den Lebensraum selbst. Andere Tierarten treten in den Rollen Konkurrent, Räuber, Beute oder Parasit auf und nehmen Einfluss auf den Bestand einer Art oder einer Gemeinschaft. Darüber hinaus besteht auch eine innerartliche Konkurrenz, durch die eine natürliche Selektion (Auslese) stattfindet, die entwicklungsgeschichtlich von großer biologischer Bedeutung sein kann.

Eine optimale Umwelt hinsichtlich der Kombination von biotischen und abiotischen Faktoren wird als *ökologische Nische* bezeichnet. Sie ermöglicht einer Art eine ideale Existenzgrundlage und sorgt für ein Gleichgewicht von »Chance und Gefahr«.

Die Ausbreitung bestimmter Tierarten auf der Erde hängt sehr mit den jeweiligen Standortbedingungen zusammen und hier insbesondere mit den Formen und der Verbreitung der Vegetation. Das Verteilungsmuster der *Vegetationszonen* kann als Grundlage für die Verteilung der Tierwelt angesehen werden. Lebensräume wie Tundra, Taiga, Steppe, Wüste oder Meer etc. haben sowohl für die Flora als auch für die Fauna eine spezifische Bedeutung und erzeugen Wechselwirkungen.

Ein weiterer Zweig der Tiergeographie, die historische Tiergeographie, beschäftigt sich mit der Verbreitung von Tierarten im geographischen Raum und mit der Erklärung ihrer Muster im historischen Kontext. Um eine verbreitungsgeschichtliche Analyse durchführen zu können, bediente man sich der Forschungen der Paläogeographie sowie der Geologie und Paläontologie und kam zu unterschiedlichen Theorien. Man schloss zum einen auf frühere Existenzen von Landbrücken, die Wanderungen von Tierarten über weite Strecken kontinentalen Ausmaßes ermöglichten. Zum anderen erlaubte die »Theorie der Kontinentalverschiebungen« von Alfred Wegener die Annahme, dass ehemals zusammenhängende Landschollen zerbrochen und auseinander gedriftet sind und somit auch vormals verknüpfte Lebensräume sich räumlich mehr und mehr voneinander entfernten. Gerade letztgenannte Theorie wird in ihren grundsätzlichen Zügen auch heute noch für die Erklärung der Verbreitung von Tierstämmen auf der Erde herangezogen.

Nicht zuletzt beschäftigt sich die Tiergeographie auch mit dem Einfluss des Menschen auf die Tierwelt, ihren Bestand und ihre Entwicklung. Zum einen wird das Tier als eine Nahrungsgrundlage für die menschliche Existenz begriffen, zum anderen spielt es eine Rolle als Haustier. Durch die Zunahme der Weltbevölkerung nahm die Haus- und Nutztierhaltung stetig zu, der Bestand an Wildtieren dagegen beständig ab.

An der Tiergeographie besonders interessierte Studierende sollten sich im Studium mit den Grundlagen der Zoologie sowie den angrenzenden Fächern beschäftigen. Im Rahmen der deutschsprachigen universitären Forschung und Lehre stellt die Tiergeographie leider nicht unbedingt einen weit verbreiteten Schwerpunkt (wie etwa die Geomorphologie oder die Klimageographie) dar. Interessiert man sich aber bereits zum Ende der Schulzeit für derartig gelagerte Fragestellungen, ist es sicherlich ratsam, die Universitätsangebote nach kompetenten Professoren in diesem Bereich zu durchforsten.

2.2.7 Geoökologie und Landschaftsökologie

Die *Ökologie* ist heute in aller Munde. Sie ist zu einem Schlagwort in den Medien, zu einer Floskel mancher Politiker und zu einem profitsteigernden Losung der Werbebranche geworden. Die Ökologie wird marktschreierisch für alles, was modern, »nachhaltig« oder besonders vernünftig erscheinen will, feilgeboten. Eine Vielzahl von Öko- und Bio-Labeln verwirren den Konsumenten mehr als sie für wirkliche Qualität im Sinne einer ökologisch sinnvollen Produktion und Vermarktung bürgen. Der in der Öffentlichkeit so oft unsachgemäß verwendete Begriff der Ökologie unterscheidet sich in mancher Hinsicht

A. 2.2 Physische Geographie

von der ursprünglichen wissenschaftlichen Bedeutung, wenngleich auch hier eine klare, von allen wissenschaftlichen Betrachtungsweisen anerkannte Definition nicht auszumachen ist.

Die wissenschaftliche Ökologie ist in ihrem Ursprung ein Teilbereich der Biologie und als »*Bio*ökologie« demzufolge eine Nachbardisziplin der so genannten *Geo*ökologie. Während sich die Bioökologie vornehmlich mit den biotischen Teilen der Landschaft beschäftigt, tut dies die geographisch-geowissenschaftlich orientierte Geoökologie hinsichtlich der abiotischen Faktoren. Allerdings kann auch hier keine scharfe Trennlinie gezogen werden, da in der Geoökologie ebenso der Einbezug der lebenden Materie (z. B. der Vegetation) erforderlich ist, wie die Bioökologie nicht den unbelebten Teil (z. B. den Boden) aus ihren Überlegungen ausklammern kann. Die Geoökologie bemüht sich ebenso um die Erfassung von natürlich ablaufenden Prozessen wie um die von Einzelparametern. Der geoökologische Zustand des Landschaftshaushaltes sowie natürliche und anthropogen verursachte Veränderungen durch Nutzungen des so genannten »Geoökosystems« stehen ebenso im Blickfeld wie Belastungen des Systems und konkrete Naturgefahren. Gerade in der Geoökologie finden Geographische Informationssysteme (GIS) einen häufigen Einsatz, da die Verknüpfung einer Vielzahl von Daten der verschiedensten Parameter eine leistungsfähige Verarbeitung erfordert.

In manchen Darstellungen wird die Geoökologie als ein außerhalb der Physischen Geographie stehender Fachbereich definiert. Diese Einschätzung kann richtig und falsch zugleich sein. Die Geoökologie bildet für die anderen physisch-geographischen Teilgebiete, aber auch für die Nachbardisziplinen der Geographie, bedingt durch ihren integrativen Charakter, sozusagen einen »Überbau«. Die Wechselbeziehungen, in denen die einzelnen Faktoren wie Klima, Boden, Vegetation, Tierwelt oder Oberflächenform zueinander stehen, werden betont, und es bilden sich überdies Arbeitsschwerpunkte wie etwa die Hydroökologie, die Klimaökologie oder die Bodenökologie etc. heraus. Gleichzeitig bedient sich die Geoökologie der Erkenntnisse und Methoden (z. B. Kartierungen), die aus den Forschungen der Teilbereiche erwachsen sind, und fügt sie zu einem Ganzen im Sinne eines Systems zusammen.

In der Praxis liefert die geoökologische Arbeit wichtige Grundlagen u. a. für den Umwelt- und Naturschutz, die Landschaftsplanung und andere planerische Verfahren. Auch im Agrar- und Forstsektor spielen ihre Erkenntnisse (z. B. bei der Raumbewertung und -entwicklung) eine wesentliche Rolle für nachfolgende Entscheidungen.

Die *Landschaftsökologie*, begründet von Carl Troll, begreift sich ebenfalls als eine fächerübergreifende Wissenschaft, die bereits Alexander von Humboldt durch seine Sicht von einem komplexen Mensch-Umwelt-Gefüge und den dadurch erkennbar werdenden Wirkungsweisen initiierte. Die Landschaftsökologie macht das *Landschaftsökosystem* zu ihrem Untersuchungsgegenstand, in dem Mensch und Umwelt in ihrem räumlichen Verhalten und den Auswirkungen sowohl aufeinander bezogen als auch auf den Raum betrachtet werden.

Worin besteht nun der Unterschied zwischen der Geoökologie und der Landschaftsökologie? Beide Begriffe können synonym verwendet werden, auch wenn manchmal der Eindruck entsteht, die Geoökologie setze sich mehr mit den abiotischen Faktoren auseinander. Die Bezeichnung Landschaftsökologie dagegen ist auf internationaler Ebene weitaus gebräuchlicher.

Eine verstärkt auf den Menschen als einflussnehmenden Faktor fokussierte Arbeit lässt sich durchaus auch als »Humanökologie« bezeichnen. Der Mensch und seine Beziehung zur Umwelt, sein zerstörerischer, aber auch schützender Umgang mit ihr (z. B. Fragen zur Ressourcennutzung) können hier thematisiert werden. Auch die »Stadtökologie« kann als ein solches Beispiel für einen humanökologischen Forschungsschwerpunkt angesehen werden.

Der Studienschwerpunkt Geoökologie/Landschaftsökologie erfordert naturwissenschaftliche Kenntnisse und ein breites methodisches Können (insbesondere GIS, Geländearbeit, Luftbildinterpretation, Laborarbeit). Ferner ist es wichtig zu verstehen, dass die Ökologie (gleich welchen Schwerpunktes) zur Erkenntnisgewinnung über die natürlichen Zusammenhänge (*Vernetzung*) zwar mit naturwissenschaftlichen Methoden arbeitet, die Umsetzung in planerische, wirtschaftliche oder umwelt- und bildungspolitische Maßnahmen ganz andere, weitergehende Qualifikationen erfordert.

2.3 Methoden

Wissenschaft und wissenschaftliches Arbeiten haben sich einem hehren Ziel verschrieben: Der »Wahrheitsfindung«, dem Streben nach Erkenntnis. Die vermeintliche »Wahrheit« wird jedoch erst dann zu einer wissenschaftlichen Erkenntnis, wenn sie durch eine nachvollziehbare Methodik ermittelt wurde.

Die Methodik ist das Handwerkszeug, das beherrscht und darum erlernt werden muss. Dies ist zwar mühsam, aber unausweichlich. Ziel eines jeden Studiums ist es demnach, dem Studierenden fachliches Handwerkszeug zu vermitteln, damit er nicht wie »ein Schreiner ohne Säge durch seine Werkstatt stolpert«.

Im Folgenden wird eine Auswahl der wesentlichen Methoden, d. h. Arbeitstechniken vorgestellt, die das Geographiestudium vermittelt und mit denen der Geograph entsprechend seinem Tätigkeitsfeld arbeitet. Aber auch hier gilt: Nur die Praxis macht den Meister! Passive Methodenkenntnisse, die man sich auch zur Not über das »Durchackern« entsprechender Literatur verschaffen kann, nützen nicht viel, wenn man sie nicht wenigstens einmal in Übungen und Praktika anwenden konnte. Es kann nur jedem Studierenden geraten werden, sich hier durch Eigeninitiative über das Mindestmaß hinaus zu qualifizieren.

2.3.1 Kartographie und Computerkartographie

Der Gegenstandsbereich der Kartographie ist die Karte als eine verebnete, verkleinerte, maßstabsgetreue und erläuterte Abbildung der Erdoberfläche oder eines Ausschnitts davon.

Die ersten Formen kartographischer Darstellungen reichen weit in die Geschichte der menschlichen Kultur zurück. Es scheint, als ob der Mensch bereits in seinen Anfängen die Notwendigkeit verspürte, ihm wichtige Standorte und Plätze in ein räumliches Gefüge zu setzen und sich hierdurch eine bessere Orientierung in seiner Umwelt zu verschaffen. Später diente die Kartographie militärischen Zwecken, der Abgrenzung von Privatbesitz oder nationalem Grund und Boden.

In der jüngeren Vergangenheit galt die Kartographie dann als eine Wissenschaft, eine handwerkliche Technik und sogar als eine Kunstform, welche sich mit dem Sammeln, Verarbeiten und Auswerten raumbezogener Informationen beschäftigte. Die kartographische Darstellung in Form von Kartenwerken diente der Visualisierung der genannten Schritte. Ferner trat die Lehre der Kartenauswertung, die Karteninterpretation, hinzu.

Diese Abgrenzung hat sich im Prinzip zwar bis in die heutige Zeit so erhalten, allerdings zwingt nun der wachsende Einfluss der digitalen

Rechentechnik zu einem grundsätzlichen Umdenken, was Erfassung und Verarbeitung anbelangt. Die Kartographie vollzieht mehr und mehr den Schritt zur *Computerkartographie*, wobei sie sich einer Reihe von Nachbardisziplinen, z. B. der Fernerkundung, Photogrammetrie und Geo-Informatik bedient.

Kartographisches Arbeiten erfordert grundlegende Kenntnisse aus verschiedenen Bereichen: Die geometrische Erfassung der Daten, ihre Verarbeitung und Verwaltung folgt den mathematischen und technischen Prinzipien des Vermessungswesens, der Informatik und der Statistik. Der optische Aufbau der Karte, die Farbwahl, -verteilung und -intensität sowie die Strukturierung der Symbole und Zeichen erfordert dagegen ein eher optisch-ästhetisches Empfinden. Der Interpretation geographischer Karteninhalte muss sowohl fundiertes physisch-geographisches als auch anthropogeographisches Wissen zugrunde liegen. Geologische Karten, Vegetationskarten oder andere Kartenarten fordern vom Betrachter diesbezügliche Kenntnisse.

Kartographische Darstellungen dienen neben einer bloßen Visualisierung räumlicher Informationen auch einer ideellen Aufgabe: Sie »übersetzen«, ähnlich wie Graphiken, wissenschaftliche Erkenntnisse oder Ergebnisse praktischer Arbeiten in »Bilder«, die dem Betrachter möglichst schnell und eindeutig einen Eindruck von bestimmten Sachverhalten vermitteln sollen. Aus dieser Tatsache erwachsen aber auch zahlreiche Möglichkeiten zur Manipulation, z. B. mittels der Farben, Farbintensitäten, Farbverteilungen oder Proportionen.

Hier ein systematischer Überblick über die einzelnen Bereiche der Kartographie:

- *Geschichte der Kartographie*: Hier steht die historische Entwicklung der Karte als primitive Skizze, als aufwendiges Kunstwerk, als Abbild verschiedenster Weltanschauungen in unterschiedlichen Epochen, als Spiegel des Zeitgeistes oder als Symbol für Bildung, Wissen und Macht im Mittelpunkt der Betrachtung.

- *Allgemeine Kartographie*: Sie repräsentiert das moderne fachliche Wissen, die Verfahren und die Instrumente.

- *Angewandte Kartographie*: Sie sucht den Anwendungsbezug, also das Produkt in Form von topographischen und thematischen Karten oder Kartensammlungen (Atlanten).

A. 2.3 Methoden

Man unterscheidet zunächst einmal zwischen topographischen und thematischen Karten. Erstere Form enthält politische Grenzen, Verkehrswege, Siedlungen, Geländeformen, hydrologische Verhältnisse, Vegetation sowie eine Beschriftung. Alle Elemente einer topographischen Karte sind mit Signaturen versehen, die mittels einer Legende am Kartenblattrand erklärt werden. Thematische Karten dagegen verdeutlichen dem Betrachter bestimmte Aspekte zu einem ausgesuchten Thema (z. B. Klima, Verkehr), die meist aus Forschungsergebnissen oder anderen Arbeiten bezogen werden. Mischformen wie etwa Wanderkarten, Stadtpläne oder Straßenkarten verbinden Elemente aus beiden Typen.

Karten werden ferner in unterschiedlichen Maßstabsgrößen produziert (kleine, mittlere und große) und dienen so unterschiedlichen Verwendungzwecken.

Hinsichtlich der äußeren Form können wir nach bestimmten Zielgruppen unterscheiden, für die Karten aufbereitet werden: Atlaskartographie, Fernsehkartographie, Zeitungskartographie, Internetkartographie etc.

Die Computerkartographie avancierte zusammen mit den Geographischen Informationssystemen (GIS) zu *dem* Wachstumsmarkt sowohl in den Geowissenschaften als auch in anderen Disziplinen (Botanik, Forstwirtschaft, Archäologie etc.), in denen man räumliche Daten verarbeiten und visualisieren möchte. Heute gilt: Was früher der Kartograph mit Tusche und Schablonen zu Papier brachte, erledigt in der Gegenwart bereits jeder gut ausgestattete PC auf wesentlich schnellere und flexiblere Art und Weise. Mit der Computerkartographie verlor die Kartographie ihre Handwerklichkeit.

Sinn und Zweck computerkartographischer Programme ist die rechnergestützte Ausgabe räumlicher Daten in Karten – der digitale Kartenentwurf. Der Prozess der automatisierten Kartenerstellung erfolgt in vier Schritten: Der Datenerfassung, der Datenspeicherung, der Datenverarbeitung und der Datenausgabe. Die heutige Technik vereint diesen vierstufigen Prozess in *einer* Systemeinheit. Eine Analyse des Datenmaterials erfolgt nur am Rande; sie wird vornehmlich mit Geographischen Informationssystemen durchgeführt.

Der technische Fortschritt bezüglich der Erzeugung von Karten ermöglicht immer bessere und leichter zu bedienende Softwareprogramme, die auf immer leistungsfähigeren Rechnern gefahren werden können. Heute werden am Computer erstellte Karten nach Belieben verändert oder z. B. interaktiv in Texte eingebunden. Digitale Atlanten oder der optisch wirkungsvolle Einsatz von räumlichen Darstellungen im Internet gehören im Zeitalter des multimedialen Arbeitens inzwischen zum Tagesgeschäft und gewährleisten eine schnelle Aktualisierungsmöglichkeit.

Heute ist die kartographische Arbeit mit dem Computer aus dem Alltag eines Geographen in einem Planungsbüro oder in einer kommunalen Verwaltung nur noch schwer wegzudenken (gleiches gilt in fast noch stärkerem Maße für die GIS-Programme). Die Kartenerzeugung mit entsprechender Software hat ganze Tätigkeitsfelder und Berufsbilder nachhaltig verändert. Mit der Etablierung der modernen Techniken unterlagen auch die beruflichen Qualifikationsanforderungen einem deutlichen Wandel. Heute, so kann man mit Sicherheit konstatieren, gehört es zur Erwartungshaltung eines Arbeitgebers, dass ein Absolvent der Geographie bereits fundierte Grundkenntnisse in der Computerkartographie sowie in GIS-Anwendungen mitbringt. Diese werden inzwischen an den meisten Universitäten im Rahmen der geographischen Ausbildung angeboten.

Trotz zunehmender Arbeitserleichterungen durch den PC sind grundlegende Kenntnisse in der »traditionellen« Kartographie und hier insbesondere in der thematischen Kartographie unerlässlich. Die Beurteilung inhaltlicher wie formaler und optisch-ästhetischer Aspekte bleibt auch im Zeitalter der Automatisierung dem Geographen nicht erspart und ist entscheidend für die Qualität seiner Arbeit.

Neben »echten« Kartenkonstruktionssystemen (Kartographieprogrammen) und Geographischen Informationssystemen ermöglichen heute auch leistungsfähige Statistik- und Tabellenkalkulations- sowie Graphik- und CAD-Pogramme die Erzeugung von Karten.

2.3.2 Geographische Informationssysteme (GIS)

Geographische Informationssysteme (Abkürzung: GIS) sind heute in aller Munde, und ihre Anwendungsmöglichkeiten in der Praxis scheinen schier unerschöpflich. Mit einer Fülle verschiedener Computerprogramme, die sich mittlerweile auf dem Markt tummeln, lassen sich auf jedem leistungsstarken PC raumbezogene, d. h. mit Koordinaten versehene und deshalb einem Standort zugeordnete Daten (*Geodaten*) elektronisch erfassen, speichern, analysieren sowie präsentieren.

Im Prinzip besteht ein GIS aber nicht nur aus einer Software, sondern es kann als eine Kombination von Hardware, Software, Daten und dem Anwender betrachtet werden. Dabei sind alle Bestandteile in einen konzeptionellen und institutionellen Rahmen eingebunden.

Geographische Informationssysteme standen in ihrer frühen Phase mit der Kartographie in engem Zusammenhang. Heute jedoch haben sie sich über den Rahmen eines reinen Kartenerstellungsprogramms hinaus stärker in analytischer Richtung entwickelt. Die Hauptanwendungsgebiete in privatwirtschaftlichen Unternehmen liegen im Bereich der Marktforschung, des Geomarketing und der Routenplanung sowie -navigation, aber auch andere Arbeiten werden heute in der überwiegenden Zahl der Fälle durch Geographische Informationssysteme bewältigt.

Wie bereits im Kapitel zur Computerkartographie erwähnt, haben auch die GIS-Programme die Arbeit in vielen öffentlichen wie privaten Institutionen maßgeblich verändert. Im Hochschulbereich werden GIS-Programme in steigendem Umfange in Forschungs- und Examensarbeiten eingesetzt, in behördlichen Institutionen dienen sie ferner der Verwaltung des umfangreichen Datenmaterials. Damit sei noch einmal der Hinweis verbunden, dass man sich bereits während des Studiums um einschlägige Kenntnisse auf diesem Gebiet bemühen sollte, denn eine Konfrontation mit diesem neuen Arbeitsinstrument wird immer unausweichlicher.

2.3.3 Fernerkundung und Photogrammetrie

Die *Fernerkundung* verrät ihr Wesen schon im Namen. Bei dieser Methode, die sich mittlerweile zu einer eigenständigen Wissenschaft entwickelt hat, handelt es sich um die Erfassung, Analyse und Interpretation von Erdoberflächenformen und Objekten aus einer entsprechenden Höhe, wobei das Untersuchungsobjekt nicht berührt wird.

Für eine auf der Fernerkundung beruhenden Datenaufnahme benötigt man, je nach Art der Untersuchung, entweder Luft- oder Satellitenbilder, die in entsprechendem Abstand zur Erdoberfläche von einem Flugzeug oder einem Satelliten aus erzeugt werden.

Die Vorteile der Fernerkundung liegen klar auf der Hand: Kein anderes Verfahren bietet solch eine umfangreiche und aktuelle Datenaufnahme, denn ein Luft- oder Satellitenbild bildet ja den Zustand im Belichtungsmoment in hoher Detailtreue ab. Ferner können auch entlegendste Gebiete von der Kamera eines Flugzeugs oder dem Sensor eines Satelliten im Weltall erfasst und abgebildet werden. Insbesondere hier liegen die Vorzüge dieses Verfahrens, welches oft bei schwierigen Geländearbeiten in unzugänglichen Gebieten (z. B. in Hochgebirgen) zur Unterstützung herangezogen wird.

In den letzten Jahrzehnten konnten durch zahlreiche Weltraummissionen wesentliche Verbesserungen in der Satellitenbildaufnahmetechnik erzielt werden. Aber auch die Luftbildaufnahmeverfahren verfeinerten sich mit fortschreitender Kamera- und Flugzeugtechnik zusehends.

Anwendung findet die Fernerkundung in einer Vielzahl von Bereichen. Zunächst für militärische Belange konzipiert und genutzt, findet sie heute aber vornehmlich ihre Anwendung in der naturwissenschaftlichen Forschung und der Planung. Insbesondere die Meteorologie, Ozeanographie, Geographie, Geologie, Landschaftsplanung, Archäologie und Agrarwissenschaft, aber auch die Botanik oder die Forstwirtschaft nutzen diese Techniken zur Umweltbeobachtung, Umweltüberwachung, systematischen Bestandsinventarisierung oder Exploration. Hier einige beispielhafte Fragestellungen, die sehr unterschiedlich sein können und für deren Beantwortung man Luftbilder und/oder Satellitenbilder bemüht:

Globaler Klimawandel, Ozonloch und Treibhauseffekt, Küstenschutz, Meeresverschmutzungen durch Öl- und Chemikalieneinträge, Waldsterben, Eisschmelze an den Polen und in den Hochgebirgen, landschaftsökologische Bestandsaufnahmen, Ressourcenerfassungen, Tragfähigkeitsanalysen sowie jede Art von katastrophalen Ereignissen anthropogenen oder natürlichen Ursprungs, deren Schadensausmaß man durch solche Aufnahmen detailliert erfassen und abschätzen kann. Insbesondere plötzlich eingetretene Veränderungen lassen sich »naturgetreu« nachvollziehen und bewerten.

Luftbildaufnahmen werden in vielen Ländern aus militärischen Gründen nicht ohne weiteres für zivile Verwendungszwecke freigegeben. Mit diesen und anderen »Zugangsschwierigkeiten« (z. B. zu Kartenmaterial) ist bei wissenschaftlichen Arbeiten, besonders in den so genannten »Dritt-Welt-Staaten«, durchaus zu rechnen. Da aber hier Fernerkundungsdaten oft die einzige Quelle für aktuelle und stimmige Informationen sind, ist oft ein hohes Maß an Geduld, Diplomatie und Geld notwendig, um das gewünschte Material zu erhalten.

In dem Maße, wie sich die Aufnahmetechniken verbesserten, vollzog sich auch eine Entwicklung hin zu rechnergestützten Auswertemethoden wie der analytischen Photogrammetrie oder der digitalen Bildverarbeitung. Verbunden mit GIS-Techniken und computerkartographischen Verfahren lassen sich z. B. sinnvolle Schritte in der Planung vorbereiten.

Die Photogrammetrie (Bildmessung), ein auch von Geographen mit einschlägigen Kenntnissen durchaus angewandtes Verfahren in der Fernerkundung, hat zum Ziel, Objekte auf der Erdoberfläche nach ihrer Lage und Form zu vermessen. Diese geometrische Erfassung wird allerdings nicht am Objekt selbst (direktes Messverfahren) vorgenommen, sondern auf Bildern, die man von dem Objekt angefertigt hat (indirektes Messverfahren). Diese Bilder können sowohl aus großer Höhe (Luftbildmessung) aufgenommen werden als auch von der Erdoberfläche (terrestrische Photogrammetrie) aus.

Die Hauptaufgabe der Photogrammetrie liegt in der Vermessung der Erdoberfläche und ihrer Wiedergabe in topographischen Karten. Aber auch andere Bereiche, in denen »Tatbestandsaufnahmen« benötigt werden (Verkehrsunfälle, Zustände von Bauwerken, Erfassung von katastrophalen Ereignissen etc.), bedienen sich photogrammetrischer Verfahren.

Hat man die Möglichkeit, photographische Aufnahmen in Wiederholungen »hintereinanderzuschalten«, so lassen sich Bewegungsabläufe erzeugen, die dann wiederum photogrammetrisch bearbeitet werden können. Damit lässt sich z. B. die Fortbewegungsgeschwindigkeit von Gletschern ermitteln oder der Wellengang in einem Gewässer erfassen.

Der rasante technologische Fortschritt und die Komplexität fernerkundlicher Arbeit erfordert sowohl ein umfangreiches Wissen (vor allem in den Grundlagen der Mathematik, der Physik und der Geodäsie) als auch den Willen zur interdisziplinären Zusammenarbeit.

2.3.4 Geostatistik

Als *Geostatistik* bezeichnet man statistische Verfahren, die einen besonderen Bezug zur Geographie aufweisen, d. h. anhand von geographischen Fragestellungen ihre Anwendung finden. Die Statistik selbst wiederum wird zu den »Hilfsmitteln« der empirischen Wissenschaften (vornehmlich der Sozialwissenschaften) gezählt, wo es darum geht, beobachtbare (empirische) Phänomene zu beschreiben und zu erklären. Ziel der empirischen Wissenschaften ist es, Untersuchungsergebnisse so zu ermitteln, dass der Weg dorthin überprüfbar,

d. h. nachvollziehbar ist. Nur so kann erreicht werden, dass wissenschaftliche Erkenntnisse verifiziert (die Richtigkeit einer Behauptung beweisen) oder ggf. auch falsifiziert (eine Hypothese durch eine empirische Beobachtung widerlegen) werden können.

Die Statistik ist ein notwendiges und wichtiges Instrument in der Empirie, aber für eine ganzheitliche und qualitativ hochwertige Forschung noch unzureichend. Zu beachten ist, dass die Fragestellungen und Überlegungen, die den Inhalt des Forschungsvorhabens durchziehen müssen, erst den Ausschlag für ein fundiertes wissenschaftliches Ergebnis liefern können. Für Geographen ist die Statistik lediglich *ein* Mittel in der Datenanalyse und Theoriebildung.

Die Geographie, die mit einer großen Anzahl von Objekten und Variablen arbeitet, unterhält zu fast allen empirisch forschenden Wissenschaften enge Kontakte. Gegenstände empirischer Untersuchungen sind Einzelelemente oder eine größere Anzahl von Elementen. In der Geographie beschäftigt man sich mit so unterschiedlichen Untersuchungselementen wie etwa Pflanzen, Tieren, Geschäften, Staaten, Messstationen, Bodenarten oder Menschen. Um Aussagen über sie machen zu können, ordnet man ihnen Eigenschaften, z. B. bestimmte Größen, zu.

In erster Linie widmet sich die Forschung der Beschreibung und Erklärung von Sachverhalten, die eine räumliche Verteilung aufweisen und in einem bestimmten funktionalen Zusammenhang stehen. Dies bedeutet, dass häufig Raumeinheiten wie Flächen oder Punkte sowie Zeiteinheiten, meist Punkte oder Intervalle, im Mittelpunkt des Interesses stehen.

Es können zwei Arten in der Statistik unterschieden werden: Die *deskriptive* und die *schließende Statistik*. Die deskriptive Statistik charakterisiert eine Gegebenheit und produziert quantitative Informationen. Als Beispiel hierfür können die Lebenshaltungskosten eines durchschnittlichen Verbrauchers und ihre der Zeit unterliegenden Veränderungen gelten.

Die schließende Statistik dagegen macht Wahrscheinlichkeitsaussagen bezüglich der Wahrheit von Hypothesen möglich. Dafür ist zunächst einmal die Aufstellung einer solchen Hypothese erforderlich, danach die Sammlung von geeignetem Datenmaterial, um einen so genannten »statistischen Test« durchzuführen und am Ende die Hypothese zu verifizieren oder zu falsifizieren. Ferner lassen sich mit der schließenden Statistik so genannte Punkt- und Intervallschätzungen durchführen.

Geostatistik oder schlicht auch nur Statistik gehört heute in allen Instituten zum Lehrplan. Meist werden die dort erlernten Verfahren in praktischen Übungen anhand konkreter Beispiele vertieft. Für ein erfolgreiches Lernen und Anwenden statistischer Verfahren ist es unerlässlich, neben Fachkenntnissen wenigstens die Grundlagen der Oberstufen-Mathematik präsent zu haben. Zwar werden in den meisten Statistik-Kursen kurze Wiederholungen des Stoffes geboten, für ein rasches und auf den fachlichen Kontext umsetzbares Verständnis muss aber bereits auf Grundlagen der höheren Mathematik aufgebaut werden können.

Statistische Verfahren werden heute rechnergestützt durchgeführt. Weitverbreitete Statistik-Standardprogrammpakete sind vor allem im Hochschulbereich die Programme SPSS (*Statistical Package for the Social Sciences*), mittlerweile in einer deutschen Windows-Version verfügbar, und SAS (*Statistik-Analyse-System*), wobei es angeraten ist, sich in eines der beiden Programme zumindest einzuarbeiten.

2.3.5 Geländearbeit

Die Geländearbeit oder auch Feldarbeit ist in der Physischen Geographie das Herzstück der Möglichkeiten zur Datenerhebung, d. h. zur Informationsgewinnung. Auch in der Anthropogeographie spricht man von einer »Feldforschung«, wobei anhand des Kapitels »Anthropogeographisches Raumverständnis und Arbeitsmethoden« und der Darstellungen der anthropogeographischen Teilbereiche ersichtlich sein dürfte, dass es sich hier um ein etwas anderes »Feld« oder »Gelände« handelt, als dies die Physische Geographie meint.

Die Geländearbeit der Physischen Geographie findet »im Freien«, in vom Menschen mehr oder minder stark beeinflussten Landschaften (in Naturlandschaften leider nur noch seltener als in Kulturlandschaften, z. B. in agrarisch genutzten Räumen) statt.

Die Datenaufnahme im Feld erfordert nicht nur fachliche Kenntnisse, sondern auch eine gute technische Fertigkeit bezüglich der Beherrschung der verschiedensten Aufnahme- und Dokumentationsmethoden. Schon das Zusammenstellen der Ausrüstung bedarf einer gründlichen Vorbereitung.

Die Arbeit erstreckt sich von der schlichten Beobachtung ohne Hilfsmittel bis hin zu methodisch schwierigen und technisch aufwendigen Verfahren.

Aufzeichnungen erfolgen mittels Feldbuch, Fotos, Skizzen und Karten, heute aber auch in fortgeschrittenen Untersuchungen mit Laptop und GPS *(Global Positioning System*: ein kleines, auf Satellitennavigation basierendes Gerät zur nahezu exakten Positionsbestimmung im Raum).

Die Feldarbeit erfolgt i. d. R. zu Fuß und beginnt mit dem Durchwandern des gesamten Untersuchungsgebietes, um sich zunächst auch mittels einer Karte einen Überblick zu verschaffen. Danach erfolgt die Begutachtung und Aufnahme (Positionsbestimmung, messen, kartieren, fotografieren, notieren, sammeln von Proben etc.) der Einzelstandorte, wobei lokale Detailfragen zu klären sind. Der Vegetationsgeograph beschäftigt sich mit der Standortfrage von Einzelpflanzen und Pflanzengesellschaften, der Bodenkundler und der Geomorphologe ermitteln durch das Ausheben von Bodengruben, dem Betrachten von Aufschlüssen (Standort, an der das anstehende Gestein unbedeckt durch Pflanzenwuchs, Boden, Schutt etc. sichtbar hervortritt) oder durch Bohrungen den Untergrund, der Geomorphologe erfasst ferner die Oberflächenformen und der Geoökologe betrachtet das Zusammenspiel der verschiedenen »Kräfte« oder unterzieht im zweiten Schritt die Landschaft u. U. einer Nutzungskartierung. Die Ziele, hier nur sehr grob umrissen, können ebenso vielfältig sein wie die Methoden.

Für eine erfolgreiche Durchführung von Geländearbeiten ist es ratsam, sich zunächst über die Besitzverhältnisse im Untersuchungsgebiet zu informieren und die Arbeiten mit den Eigentümern abzusprechen. Gerade in landwirtschaftlich genutzten Räumen erfreuen sich Bodengruben und Bohrungen bei den ansässigen Bauern nicht gerade großer Beliebtheit. Es ist darauf zu achten, dass solche »Anlagen« wieder umgehend verfüllt werden, um keinen Schaden beim Vieh oder an Maschinen zu verursachen. Erklärt man seine Absichten und kommt den Eigentümern in taktvoller Weise entgegen, sind häufig viele Unannehmlichkeiten zu vermeiden. Dies gilt insbesondere auch für Arbeiten im Ausland, wo man in erster Linie Gast eines Landes und der dort lebenden Menschen ist!

Da Geländearbeit sich oft – im Zuge größerer wissenschaftlicher Untersuchungen – über mehrere Wochen erstrecken kann, ist die Freude an einer Tätigkeit im Freien und eine gute körperliche Verfassung sowie »Wetterfestigkeit« unerlässliche Voraussetzung. Gerade in schwer zugänglichem Gelände (Hochgebirge, Regenwälder) oder unter widrigsten klimatischen Bedingungen (heiß, feucht, kalt) sind eine gewisse »Tauglichkeit« und Disziplin erforderlich.

2.3.6 Laborarbeit

Die Laborarbeit erfolgt im Anschluss an die physisch-geographische Geländearbeit und steht mit ihr in engster Verbindung. Im Untersuchungsgebiet gesammelte Boden-, Gesteins-, Pflanzen- oder Wasserproben werden im entsprechend ausgerüsteten Labor mittels verschiedener Verfahren (z. B. pH-Wert Messung, Schwermetallgehalt, Kalkgehalt, Feuchtegehalt, Organische Substanzbestimmung, Porenvolumenbestimmung u. ä.) zu bestimmten Parametern analysiert, ihre Ergebnisse münden dann in die Interpretation der Forschungsarbeit.

Die Laborarbeit stellt je nach Forschungsbereich hohe Anforderungen an den geomorphologischen, bodenkundlichen, sedimentologischen, botanische, hydrologischen, ökologischen sowie chemischen oder physikalischen Wissensschatz des Geographen. Bei einigen sehr speziellen Untersuchungen (z. B. in der Botanik, Mineralogie oder Chemie) ist es auch durchaus sinnvoll und ratsam, diese von Botanikern, Geologen oder Chemikern vornehmen zu lassen, da hier zu weitreichende Kenntnisse in anderen Disziplinen erforderlich werden. Zu prüfen bleibt in solchen Fällen aber immer die geographische Relevanz der Ergebnisse solcher »Spezialuntersuchungen«.

Nicht zuletzt sind Geduld und eine ruhige, geschickte und präzise Arbeitsweise im Labor vonnöten.

Die Laborarbeit erfordert neben einer kritischen Auswahl der Methoden, deren saubere Handhabung, die Beachtung des Verhältnisses zwischen Arbeitsaufwand und erzielbarem Ergebnis und eine mit Augenmaß und Sachverstand betriebene Interpretation der Analysedaten. Insbesondere der Gefahr, sich eventuell in messtechnischen Detailfragen zu verlieren, muss man frühzeitig entgegensteuern.

Viele Laboranalyseverfahren sind sehr aufwendig und zeitintensiv und erbringen u. U. für die Gesamtfragestellung ein nur schmales oder indirektes Ergebnis. Auch müssen eine repräsentative Anzahl von Proben dem Untersuchungsgebiet entnommen werden, um fundierte Aussagen über den gesamten Raum treffen zu können. Die Erkenntnis über das lokale Detail muss in den Gesamtraum einzuordnen sein, andernfalls verliert es seine geographische Relevanz.

Die im Labor gewonnenen Analysedaten sind wiederum mit den Beobachtungen und Ergebnissen aus dem Gelände zu korrelieren. Es kann allerdings nicht behauptet werden, dass die zum Einsatz gebrachten Labortechniken die Ergebnisse der Geländeaufnahmen »richtiger« machen. Die durch die Arbeit im Gelände aufgestellten Hypothesen können aber nun zweifellos hinsichtlich ihres »Wahrheitsgehaltes« eher weiterentwickelt oder verworfen werden, wobei die Laborarbeiten die Ergebnisse der Geländearbeit im naturwissenschaftlichen Sinne »kontrollierbarer« und quantifizierbarer machen. Die Tätigkeit im Labor stellt somit eine Verfeinerung der Geländebeobachtung und Aufnahmetechniken dar.

Es ist ferner festzustellen, dass Gelände- und Laborarbeit sich ergänzen, sich aber nicht gegenseitig ersetzen können. In der physisch-geographischen Forschung sind beide Methoden in gleichem Maße von Bedeutung.

2.3.7 Anthropogeographisches Raum-Verständnis und Arbeitsmethoden

Anthropogeographische Untersuchungen werfen Fragestellungen zu sehr verschiedenen »Raumtypen« auf. Dahinter verbirgt sich ein, von der Physischen Geographie durchaus zu differenzierendes, abstraktes Raum-Verständnis. Unterscheiden lassen sich im Prinzip drei Ansätze des anthropogenen Raum-Verständnisses:

- Räume mit materieller, d. h. »greifbarer« Ausstattung (z. B. einer Infrastruktur) oder funktionalen Verflechtungen (z. B. von Unternehmen)
- immaterielle, d. h. abstrakte Räume (z. B. politische, soziale Räume etc.), welche mehr einer subjektiven Wahrnehmung unterliegen
- Räume, die in materieller und immaterieller Hinsicht eine Entwicklung durchmachen (z. B. durch Planungen)

Die Methoden der Anthropogeographie sind äußerst vielfältig und werden auf die materiellen oder immateriellen Bestandteile des Raumes, die sozioökonomischen Zusammenhänge in ihren räumlichen Auswirkungen oder auf die verschiedenen Räume in der Wahrnehmung, Erkenntnis und Vorstellung eines Menschen angewandt. Die komplexe Betrachtungsweise, die das Wesen der Geographie prägt, steht bei allen Überlegungen im Vordergrund. Hier einige Beispiele für verschiedene Räume, wie sie sich in der Anthropogeographie ergeben und methodisch zu erfassen sind:

Ein *Strukturraum* ist durch strukturelle Gemeinsamkeiten gekennzeichnet, d. h. durch Eigenschaften gleicher Ausprägung, z. B. eine vom Bergbau lebende oder eine durch Arbeitslosigkeit besonders benachteiligte Region. Um solche Räume zu erfassen, ist eine umfassende Inventarisierung erforderlich, wobei die Merkmale und ihre Entwicklung anhand von Indikatoren in einer »laufenden Raumbeobachtung« untersucht werden. Methoden der Raumforschung und der empirischen Regionalforschung kommen hier zum Tragen. Auf sie wird weiter unten eingegangen.

Im *Raum als funktionalem System* werden immaterielle Aspekte, wie Politik, Wirtschaft oder Kultur unter Berücksichtigung individueller oder gesellschaftlicher Faktoren betrachtet. Räumliche Interaktionen und funktionale Verbindungen stehen im Mittelpunkt des Interesses. In Verdichtungsräumen, in einem Wirtschaftsraum mit Unternehmensverflechtungen treten solche Interaktionen und Verbindungen auf, die man zwar anhand von Indikatoren (z. B. Infrastruktur) »messen« kann, die aber in ihren Systemzusammenhängen nicht »gegenständlich«, d. h. nicht unmittelbar fassbar sind. Eine Datengewinnung kann über amtliche Statistiken oder eigene Erhebungen in Form von Zählungen und Befragungen erfolgen.

Funktionale Räume werden je nach Untersuchungsziel abgegrenzt und betrachtet. Eine solche Abgrenzung erfolgt in erster Linie nach den Merkmalen (z. B. Arbeitslosigkeit, Konfessionszugehörigkeit), die untersucht werden sollen. Solche Räume werden also durch bestimmte Funktionen oder ausgewählte Kriterien limitiert und zum Untersuchungsgegenstand, nicht durch real existierende Grenzen z. B. politischer oder naturräumlicher Art.

Ferner werden *Räume im Bewusstsein der Menschen* in bestimmter Art und Weise wahrgenommen. Über diese Wahrnehmung erfolgt i. d. R. eine Bewertung, die mit Eindrücken und Emotionen (z. B. eine emotionale Regionsbezogenheit, regionale Identität) verknüpft ist. Solche Räume nennt man *Wahrnehmungs-* oder *Identitätsräume*. Sie verfügen über eine materielle und eine immaterielle Ausstattung. Sprache, Sitten, Traditionen, soziales Gefüge etc. prägen die Wahrnehmung eines Menschen von seiner Umwelt. Als real wird das empfunden, was subjektiv wahrgenommen wurde.

Politische, administrative Räume oder Räume, die einer *(Neu-)Planung* unterliegen, gehören auch zu den »abstrakten Räumen«. Ihre Ausweisung erfolgt gleichermaßen aufgrund von Strukturmerkmalen; sie sind Konstrukte, die die »geographische Realität« (im Sinne von »realen Grenzen«) ebenfalls überlagern können. »Abstrakte Räume«, die nicht unmittelbar über greifbare Bestandteile oder Merkmale verfügen, sind Gedankenkonstrukte; Modelle, die nicht nur in der Anthropogeographie entstanden sind, sondern auch aus den Überlegungen der Nachbardisziplinen (vornehmlich Soziologie, Politikwissenschaft, Wirtschaftswissenschaften oder Psychologie) herrühren. Der Raum in der Anthropogeographie ist ein Konstrukt, das in den verschiedensten Kontexten wahrgenommen, bewertet, geplant und umgestaltet wird. Der Raum ist der Rahmen für individuelle und kollektive menschliche Handlungen und Interaktionen. Er hat eine Historie und ist deren Ergebnis.

In Räumen mit »greifbaren« Merkmalen können Daten aus Statistiken und Befragungen gewonnen werden. In Räumen der Wahrnehmung und des menschlichen Handelns sind Befragungen als Methode zu bevorzugen. Vor jedem Erhebungsverfahren müssen der Raum und sein Rahmen bekannt sein.

Neben dem Problem der räumlichen Abgrenzung ergibt sich das Problem der richtigen Wahl von Indikatoren, die eine notwendige Reduktion komplexer gesellschaftlicher Prozesse herbeiführen. Sie dienen der Messung und Bewertung der verschiedenen Sachverhalte und der Wahl der Bearbeitungsmethode. Im folgenden werden einige Methoden der Anthropogeographie skizziert:

Empirische Regional- und Stadtforschung: Mit Hilfe statistischer Auswertungen, Umfragen und kartographischer Darstellungen können Raumstrukturanalysen und regionale Sozialstrukturanalysen vorgenommen werden. Hiermit lassen sich Profile einzelner Städte und Regionen (Typisierungen) erstellen, welche zu regionsspezifischen Maßnahmen (z. B. in Form von Förderungen) führen können. Problemräume oder Räume mit bestimmten Merkmalen und Auffälligkeiten können so identifiziert werden.

Monitorings zeigen strukturelle und konjunkturelle Entwicklungen auf und können zu Gegenmaßnahmen führen. Prognosen und Entwicklungsmodelle dienen der Planung und Zukunftsgestaltung.

A. 2.3 Methoden

Bei kleinräumigen Untersuchungen besteht die Gefahr, Daten mit einem zu hohen Zeitaufwand und einer zu geringen Repräsentanz zu erheben. Andererseits sind es gerade die kleinen räumlichen Einheiten, die das Tagesgeschäft der meisten Geographen ausmachen.

Methodik der empirischen Sozialforschung: Sie findet in zahlreichen geisteswissenschaftlichen Disziplinen Anwendung, so etwa in der Soziologie, Politikwissenschaft, Sozialpsychologie etc. Insbesondere bei Fragen zu Wahrnehmung, Verhalten, Meinung und Einstellung, zu Normen und Werten hat sich dieses Instrument bewährt. Durch Befragungen, Experimente, reine Beobachtungen oder teilnehmende (d. h. im »Milieu« selbst vorgenommene) Beobachtungen werden Sozialdaten der verschiedensten Art (in der Anthropogeographie meist zum räumlichen Verhalten oder der Raumwahrnehmung) erhoben.

Die Befragung ist wohl *das* Standardinstrument der empirischen Sozialforschung. Nach der Aufstellung einer Arbeitshypothese, welche aus eigenen Vermutungen, Erfahrungen, Einsichten oder aber aus der Literatur und Vorab-Befragungen resultieren kann, erstellt man einen Fragenkatalog, den man zunächst in mündlichen (»face-to-face« oder telefonische Interviews) oder schriftlichen Befragungen (mittels Fragebogen) in einem so genannten »Pretest« mit wenigen Befragten zum Einsatz bringt. Wichtig ist, dass man sich ausreichend Gedanken zum Ort und Zeitpunkt der Befragung gemacht hat, denn sie sind i. d. R. wichtige Einflussfaktoren. Nach einer Überarbeitung der Fragen führt man nun die eigentliche Befragung durch. Anhand der aufgetretenen Schwierigkeiten folgt eventuell eine weitere Ausbesserung und eine erneute Nach-Befragung Bei schriftlichen Befragungen ergibt sich u. U. das Problem des schwachen »Rücklaufes«. Dies bedeutet, dass von den Befragten nur sehr wenige tatsächlich den Fragebogen ausfüllen und zurücksenden. Eine Rücklaufquote von 20 bis maximal 30 % muss je nach »Klientel« bereits als Erfolg gewertet werden.

Zum Schluss steht die statistische Auswertung und die Interpretation der Ergebnisse an. Erfahrungsgemäß nehmen gerade die letzten beiden Schritte viel Zeit in Anspruch.

Problematisch bei Befragungen sind im wesentlichen folgende Punkte bzw. Fehlerquellen:

- *Frageformulierung*: oft sind Fragen ungenau oder missverständlich formuliert und führen zu falscher Beantwortung.

- *Frageanordnung*: Fragen müssen aufeinander aufbauen und dürfen nicht das Verständnis des Befragten beeinträchtigen. »Brisante« Fragen, z. B. die nach dem Einkommen, sollten keinesfalls zu Anfang oder als Forderung nach genauer Angabe in Mark und Pfennig gestellt werden.

- *Verhalten* des Interviewers: Auftreten und äußeres Erscheinungsbild sowie Alter und Geschlecht des Interviewers können die Befragungssituation beeinträchtigen.
- *Ort und Zeit* des Interviews haben maßgeblichen Einfluss auf den Willen des Befragten, sich einem Interview zu unterziehen.
- Es muss klar sein, *wer* fragt und zu welchem *Zweck*. Die Vermittlung von Seriosität und Vertraulichkeit im Umgang mit den Daten muss gegenüber dem Befragten gewährleistet werden.

Aus diesen Überlegungen ergibt sich immer die Frage, ob man einen erfolgreichen Kommunikationsprozess herbeiführen und die tatsächliche Meinung des Befragten ermitteln konnte. Ferner bleibt offen, ob die befragte Person in ihrem (räumlichen) Verhalten tatsächlich so vorgeht, wie sie es in ihrer mündlichen oder schriftlich Bekundung geäußert hat.

Umfrageergebnisse können ein wichtiger Schritt zu weiteren Forschungsfragen sein.

Methodik der historisch-geographischen Analyse: Sie befasst sich im Kontext der Historischen Geographie und insbesondere der Historischen Siedlungsgeographie mit den geographischen Gegebenheiten der Vergangenheit. Um die heutigen Raum- und Gesellschaftsstrukturen zu verstehen, kann es hilfreich sein, ihre Entwicklung in der Historie zu betrachten. Auch zukünftige Tendenzen können sich manchmal aus geschichtlichen Kenntnissen heraus bereits »erahnen« lassen. Neben dem Raum wird somit die Zeit zu einem wesentlichen Untersuchungsbestandteil.

Durch Rekonstruktionen früherer Zustände versucht man, den bis heute stattgefundenen Wandel in der Kulturlandschaft nachzuvollziehen. Mit Hilfe von naturwissenschaftlichen Datierungsmethoden, archäologischen Erkenntnissen, aber auch mit der Herleitung von Ortsnamen ermittelt man Genese (Entstehung, Entwicklung), Struktur und Funktion früherer Siedlungsformen.

Auch die Befragung noch lebender Zeitzeugen kann Aufschluss über Vergangenes geben.

Methoden der quantitativen Analyse: Zu ihnen zählen die bereits ausführlich beschriebenen Geographischen Informationssysteme (GIS) und die statistischen Verfahren.

Unter quantitativen Methoden versteht man somit Verfahren, deren Ergebnisse in Zahlen ausgedrückt werden können. Auf diese Weise lassen sich »saubere« Vergleiche und Relationen anstellen, was die Interpretation mancher Ergebnisse deutlich vereinfacht. Allerdings, so sei an dieser Stelle auch deutlich vermerkt, verleiten »Maß und Zahl« oft zu voreiligen Schlüssen, die qualitative Aspekte unberücksichtigt lassen und somit dem »Wahrheitsgehalt« von Untersuchungsergebnissen nicht in jedem Falle zuträglich sind.

2.4 Regionale Geographie

Das Bild der Geographie in der Öffentlichkeit wird u. a. von der Vorstellung geprägt, dass seine Fachvertreter in der Tradition eines Alexander von Humboldt auch heute noch mit der Entdeckung fremder Länder und unbekannter Regionen beschäftigt sind. Das Beschreiben physisch-geographischer sowie kulturgeographischer Gegebenheiten bestimmter Räume war, wie Kapitel 1.1 bereits erläuterte, durchaus Inhalt der frühen Formen der Geographie. Aus ihr erwuchs die Länderkunde, welche man auch als *Regionale Geographie* verstehen kann. Die Länderkunde galt in der Geographie lange als das Ziel wissenschaftlicher Arbeit.

Wenn man von Länderkunde spricht, assoziiert man in der Geographie zunächst das nach Alfred Hettner benannte »länderkundliche Schema«, das, wie schon der Name sagt, ein schematisches Grundgerüst zur länderkundlichen Darstellung von Räumen ist. Dieses Schema verlangt die Einhaltung und systematische »Abarbeitung« folgender Faktoren:

- Lage, Gestalt und Größe
- Geologie und Oberflächenformen
- Klima
- Gewässer
- Vegetation
- Tierwelt
- Mensch

- Siedlungen
- Wirtschaft
- Verkehr
- Sprache, Religion und Staat

Die Vorteile einer solchen Auflistung geographischer Fakten liegen in der Übersichtlichkeit, Vergleichbarkeit und relativen Stoffdichte bzw. Vollständigkeit, die in einer Abhandlung erreicht werden kann. Das länderkundliche Schema stellt eine einfache, gut durchführbare Form zur Erarbeitung regionalgeographischer Werke dar und wird auch heute noch in vielen, gerade auch studentischen Arbeiten angewendet. Solche Beschreibung landeskundlicher Verhältnisse verleiten aber auch zu der Annahme, dass sich Geographen besonders gut als Reiseleiter oder Autoren von Reiseführern eignen.

Genau dieser Vorwurf der »Unwissenschaftlichkeit«, einer fehlenden Problemorientierung durch die bloße Aneinanderreihung wenig bis gar nicht kommentierter Fakten ließ die Länderkunde Mitte der 1960er Jahre zur Zielscheibe scharfer Kritik werden. Auf dem 37. Geographentag in Kiel kam es 1969 zu einem offenen Streit zwischen Studierenden und ähnlich denkenden (jüngeren!) Fachvertretern, die die Abschaffung der Länderkunde forderten sowie »Traditionalisten«, die am bisherigen Bild des Faches und seiner Inhalte festhalten wollten. Auch die Schulgeographen berieten über die Frage, ob der »länderkundliche Ansatz« in einem modernen Erdkundeunterricht überhaupt noch vertretbar sei.

Dennoch, so muss man im Rückblick festhalten, hat die Länderkunde neben der Allgemeinen Geographie nur wenig von ihrer Bedeutung eingebüßt. Im Gegenteil: In der praktischen Anwendung zeigte sich, dass gesellschaftliche Fragestellungen und Umweltprobleme immer auch einen regionalen Bezug haben und die Lösung solcher Schwierigkeiten regionales Wissen um Zusammenhänge erfordert. Keine Planung ohne detaillierte regionale Kenntnisse, kein Entwicklungskonzept ohne räumliche Fixierung. Damit blieb die Länderkunde unentbehrlich, und neue Wege, die auch den kritischen Stimmen gerecht wurden, mussten erdacht werden.

Bereits vor dem Kieler Geographentag wurde das länderkundliche Schema Alfred Hettners von Hans Spethmann kritisiert und »der Statik dieses Gerüstes« eine neue Form gegenübergestellt: die *dynamische Länderkunde*. Sie geht von *einem* dominierenden Faktor (z. B.

dem Klima) aus und bezieht in die fortschreitenden Schilderungen immer mehr Aspekte mit ein, so dass am Ende ein ganzheitliches Profil eines Raumes vorliegt.

Einen weiteren Schritt stellt die *problemorientierte Länderkunde* dar. Sie geht von einem zentralen Problem oder Problemgefüge (z. B. Arbeitslosigkeit) in einem Raum aus und arbeitet es unter der Berücksichtigung anderer Faktoren auf. Zusammenhänge und ein zeitlicher Bezugsrahmen treten bei dieser Betrachtungsweise besonders in den Vordergrund. Eine Vergleichbarkeit zu anderen Räumen ergibt sich allerdings nur schwer, und auch die Gebundenheit an den zeitlichen Kontext macht solche Ausführungen viel schneller wieder »vergänglich«.

Die moderne Regionale Geographie erfüllt heute weitestgehend den Anspruch an eine integrative Analyse und Interpretation, an eine »geistige Durchdringung« und Verknüpfung der Einzelfaktoren.

Ihre Aufgabe ist es zweifellos (zumindest am Ende einer Ausarbeitung), eine Synthese aller (thematischen) Teildisziplinen der Geographie (Geomorphologie, Siedlungsgeographie etc.) vorzunehmen und die zu untersuchende Region in ihrer Einmaligkeit und Komplexität zu betrachten.

Ferner beschäftigt sich die moderne Regionale Geographie mit räumlichen Verflechtungsmustern und deren zukünftigen Entwicklungstendenzen (Beispiele: Globalisierung, Regionalisierung). Hieraus erwachsen wiederum praxisnahe Arbeitsfelder wie die Regionalentwicklung, in welcher Strategien und Konzepte für zukünftige Wege erdacht werden.

Insbesondere den Kenntnissen um die Spezifika eines Raumes kommt heute, in einer Welt, die immer mehr zusammenzuwachsen scheint, eine hohe Bedeutung zu. Im Wissen um Besonderheiten und Andersartigkeiten kann u. a. die Möglichkeit zu einem verständnisvolleren Umgang miteinander liegen.

Im Studium werden regional-geographische Kenntnisse vornehmlich in Form von Exkursionen und entsprechenden vor- und nachbereitenden Lehrveranstaltungen vermittelt. Neben der Betrachtung der landschaftlichen Eigenarten und Probleme eines bestimmten Raumes sollten im Rahmen von Projektseminaren oder Exkursionen Gespräche mit der Bevölkerung sowie Vertretern von Behörden und privaten Institutionen geführt werden, um tiefere Einblicke in die sozialen, kulturellen, wirtschaftlichen oder aber auch ökologischen Verhältnisse zu gewinnen.

2.5 Geographie und ihre Didaktik

Die Geographie kennt jeder Schüler in Form des Erdkundeunterrichts, den er mit mehr oder weniger Freude genießen durfte. Die Didaktik (Wissenschaft vom Unterricht und dem Unterrichten) der Geographie beschäftigt sich nun mit der konkreten Ausgestaltung, d. h. mit den Aufgaben, Inhalten und Methoden des Erdkundeunterrichts.

Die Aufgabe der Schulerdkunde ist es, Kenntnisse über die Erde und die sich darauf in räumlicher Hinsicht abspielenden Prozesse zu vermitteln, wobei der Schüler ein Verständnis für die natürlichen und anthropogenen Zusammenhänge entwickeln soll. Zweifellos ist das Mensch-Raum-Motiv eines der didaktischen Leitmotive des Erdkundeunterrichts. Fragen richten sich an das Gefüge »Mensch-Erde« und setzen beide »Partner« in den Mittelpunkt der Überlegungen.

Ziel aller Bemühungen soll die Konstruktion eines »geographischen Weltbildes« sein, in das der Schüler Einzelaspekte sinnvoll einordnen kann. Insbesondere die Verknüpfung von heimatlicher Umwelt und »den fernen Ländern« dieser Erde soll den Schüler zu einem ganzheitlichen geographischen Verständnis befähigen. Ferner soll er erkennen, dass alle menschlichen Aktivitäten im Raum ihre Grenzen (Überbelastung durch wirtschaftliche Nutzung, Grenzen der Tragfähigkeit) finden müssen, die auch durch das menschliche Geistespotential und Fortschrittsdrang nicht überwunden werden dürfen.

Der Erdkundeunterricht sollte insbesondere zwei Aspekte berücksichtigen: Zum einen ist es erforderlich, Querverbindungen zu anderen Fächern wie etwa Geschichte, Politik, Sozialkunde oder zur Biologie zu schaffen. Dies erleichtert dem Schüler den Aufbau eines »umfassenden Weltbildes« und lässt ihn nach weiteren inhaltlichen Zusammenhängen fragen. Ferner ist aber auch darauf zu achten, dass der Erdkundeunterricht immer die geographischen Gesichtspunkte, d. h. den räumlichen Aspekt, in den Vordergrund rückt. Nur so ergibt sich beim Schüler ein Eindruck von der besonderen Denk- und Arbeitsweise des Faches.

Der Umgang mit einem Atlas und sonstigen Kartenwerken sollte obligatorisch sein und das Interesse des Schülers wecken. Wenngleich die finanziellen Möglichkeiten der Schulen heute sehr eingeschränkt

A. 2.5 Geographie und ihre Didaktik

sind, ist es beispielsweise sinnvoll, ähnlich wie im Biologieunterricht, kleine Exkursionen in das nähere Umland zu unternehmen. Hier können bereits erste Methodenkenntnisse, z. B. in Form von Beobachtungen oder kleinen Kartierungen, erworben werden. Diese didaktischen Möglichkeiten liegen aber vollständig in den Händen eines aktiven und an seinem Fach interessierten Lehrers. . .

Hinsichtlich der Zukunft der Erdkunde an allgemeinbildenden Schulen muss leider angemerkt werden, dass das Fach zunehmend eine Verdrängung aus den Lehrplänen erfährt und in einigen Bundesländern bereits unter Sozialkunde, Gesellschaftskunde o. ä. subsummiert wird. Im Fächerkanon der Schulen rangiert die Geographie mit Religion, Geschichte, Sport oder Kunst leider auf den hinteren Rängen, obwohl sie sich bei vielen Schülern nach wie vor einer hohen, aber im Gegensatz zu Mathematik und Deutsch vermeintlich »nutzlosen« Beliebtheit erfreut. Im Sinne einer fortschreitenden Mensch-Umwelt-Problematik und einer »globalisierten Wirklichkeit« ist die Vernachlässigung des Erdkundeunterrichts in höchstem Maße zu kritisieren und zeugt von bildungspolitischer Kurzsichtigkeit. Gerade die Geographie in ihrer Mittlerstellung erfasst die Fragen unserer Zeit in besonderer Hinsicht und kann dem Schüler ein fächerübergreifendes Denkgerüst vermitteln und ihn vor zu einseitigen Sichtweisen bewahren. Es wäre an der Zeit, mit der Vorstellung eines »netten Stadt-Land-Fluss«-Schulfaches aufzuräumen und die Erdkunde als *elementaren Bildungsbestandteil* anzuerkennen!

Die universitären Lehrveranstaltungen zur Didaktik der Geographie sind i. d. R. ausschließlich Studierenden des Lehramtes vorbehalten. Die Seminare befassen sich mit den Fachinhalten und deren Relevanz für den Schulunterricht, wobei das Ziel eine Stoffvermittlung ist, die sowohl der Altersgruppe der Schüler als auch der Schulform, an der man tätig werden kann, gerecht wird.

Folgende Inhalte werden in den didaktischen Lehrveranstaltungen vermittelt:

- Pädagogische Aspekte des Erdkundeunterrichts
- Lehrpläne für das Fach Erdkunde und deren Entwicklung
- Lehrplangestaltung
- Unterrichtsplanung
- Unterrichtsmethoden
- Leistungsbewertung

- Medieneinsatz im Erdkundeunterricht (z. B. als jüngste Entwicklung: GIS)

Hinzu kommen ein bis zwei Schul-Praktika, die der Kandidat innerhalb seiner Studienzeit in einer Schule absolvieren muss und durch die er seinen späteren beruflichen Tätigkeitsbereich kennenlernen soll. In begleitenden Lehrveranstaltungen werden dann der Aufbau und die Ausgestaltung einer Schulstunde vermittelt sowie Probelehrstunden in der Schule absolviert.

Gerade diese Zeit sei jedem Studierenden, der sich mit dem Gedanken trägt, Lehrer zu werden, als Erprobungszeit seiner Fähigkeiten und Geduld ans Herz gelegt! Eine weitere Möglichkeit, sich selbst und seine Ziele zu überdenken, bietet das Referendariat, welches sich an das erste Staatsexamen anschließt. Neben der fachlichen Qualifikation des angehenden Lehrers ist es unabdingbar, dass er Freude am Umgang mit Kindern und Jugendlichen verspürt und über das nötige Einfühlungsvermögen, auch im Hinblick auf die Eltern (!), verfügt.

2.6 Angewandte Geographie

Die *Angewandte Geographie* gehört im engeren Sinne nicht zu den »klassischen« Hochschuldisziplinen der Geographie und ist somit auch in der Lehre nur unzureichend vertreten. Vielmehr umfasst sie alle Arbeitsbereiche des Faches außerhalb der Universität und stellt das Bemühen dar, geographisches Wissen und Können praxisbezogen einzusetzen. Die Angewandte Geographie scheint also auf den ersten Blick wenig mit der theoretischen, wissenschaftlichen Geographie an den Hochschulen gemein zu haben und sogar einen Gegensatz zu dieser zu bilden.

Schon das Attribut »angewandt« lässt Assoziationen wie »benutzen«, »einsetzen«, »nützlich« oder »praxisnah« aufkommen und suggeriert gewinnbringende Leistungen oder, überspitzt gesagt: Ein »vom Unimuff entstaubtes« Arbeitsumfeld, z. B. eine Tätigkeit in der freien Wirtschaft.

Es stellt sich allerdings in diesem Zusammenhang die Frage: Wird aus jeder Geographie durch eine praktische Anwendung gleich eine »Angewandte Geographie«? Umfasst die Angewandte Geographie die gesamte Geographie?

A. 2.6 Angewandte Geographie

Auch wenn bei eiszeitlichen Moränenstaffeln (»Moränen« sind Überreste eines Gletschers in Form von Sedimenten, die dieser transportiert und abgelagert hat) oder tertiärer und quartärer (»Tertiär« und »Quartär« gehören zu den geologischen Zeiträumen) Reliefentwicklung ein klares »Ja« schwerfällt, so können auch zunächst sehr praxisfern erscheinende Untersuchungen einen durchaus praktischen Bezug beinhalten. Zugegeben, Untersuchungen zu Problemen der Grundwassernutzung im Raum XY oder die Konzeption eines erfolgreichen Verkehrsmanagements in ländlichen Gebieten scheinen eher heutigen Fragestellungen dienlich zu sein als die vorher genannten, aber es sind nicht unbedingt die thematischen Inhalte, die die Angewandte Geographie ausmachen, sondern *wie* diese Themen behandelt werden. Der Einsatz, die Umsetzung und das zur Anwendung gelangte Wissen des Faches in problemlösungsorientierten Arbeiten ist das Kennzeichen der Angewandten Geographie.

Als ein in verkürzter Form wiedergegebenes Beispiel für eine angewandte geographische Tätigkeit kann gelten:

Aufgrund eines in der Vergangenheit nur mäßig ausgeprägten Umweltbewusstseins und damit verknüpfter umweltbelastender Produktionsprozesse in der Industrie bestehen in der Bundesrepublik eine Reihe von mit Bodenschadstoffen kontaminierte Altindustrieflächen.

1. Schritt: Auffinden dieser Flächen und Inventarisierung (Bestandsaufnahme).

2. Schritt: Beseitigung der Bodenbelastung durch Eingrenzung und Aushub des kontaminierten Materials.

3. Schritt: Belangen des Verursachers hinsichtlich der entstandenen Kosten.

4. Schritt: Treffen von vorbeugenden Maßnahmen, z. B. durch Umweltauflagen, Kontrollen etc.

Die Durchführung eines solchen Arbeitsprozesses erfordert u. a. fundierte Kenntnisse im physisch-geographischen Bereich, insbesondere in der Bodengeographie. Dieses Wissen wird dann in den praktischen Kontext übertragen und für die Lösung einer konkreten Problemstellung benötigt.

Es sei betont, dass sich die wissenschaftliche Forschung an der Hochschule und die praktische Anwendung außerhalb des viel zitierten »Elfenbeinturms« nicht zwangsläufig gegenseitig ausschließen müssen. Vielmehr ist ein Zusammenspiel von Theorie und Praxis gefragt, denn ohne fundierten wissenschaftlichen Hintergrund liegen Vorgehensweise und Bewertung bzw. Reflexion der eigenen Arbeit im Dunkeln; ohne praktische Anwendung ergeben sich wiederum keine neuen Forschungsfragen. Daher ist es erstrebenswert, keine strikten Grenzen zwischen Praxis und Forschung zuzulassen, obwohl sich die gegenteilige Meinung auf beiden Seiten bedauernswerterweise bis in die Gegenwart mit Beharrlichkeit halten konnte.

Näheres zu konkreten Aufgabenbereichen in der Angewandten Geographie vermittelt das Kapitel »Berufliche Möglichkeiten« am Ende dieses Buches.

B.
Wissenswertes rund ums Studium

1. Studium in der Praxis: Stellungnahmen von Absolventen

»Zahlreiche Reisen, Schüleraustausche und Studienfahrten während meiner Kinder- und Jugendzeit ermöglichten es mir, bereits unterschiedliche Landschaftsformen, Lebens- und Denkweisen kennenzulernen. Hieraus entwickelte sich ein stetig wachsendes Interesse für alles, was man in seiner Umwelt wahrnehmen kann. Die Frage nach dem »Warum« beschäftigte mich. Warum gibt es so unterschiedliche Landschaften, warum sehen Städte teilweise so verschieden aus, warum gibt es wohlhabendere und ärmere Regionen auf der Erde, aber auch innerhalb eines Landes? Antworten auf diese Fragen erhielt ich in vielen Unterrichtsfächern, insbesondere aber im Fach Erdkunde. Diese Tatsache beeinflusste maßgeblich die Wahl meines Studienfachs.

Das in meinen Augen besonders positive Merkmal der Geographie, die breite Spannweite der Themen und Gesichtspunkte, die Erklärung der Zusammenhänge des Systems Mensch-Umwelt, welches insbesondere in der Regionalen Geographie Beachtung findet, wird vielfach als Negativum dargestellt. Äußerungen wie z. B. »ein Geograph weiß von allem etwas, aber nichts wirklich gut«, hört man des öfteren. Zugegeben, auch ich habe mein Studium ohne eine konkrete Berufsvorstellung begonnen. In der Geographie ist deshalb in meinen Augen, vielleicht mehr als in anderen Studienfächern, ein hohes Maß an Eigeninitiative gefordert. Man muss persönliche Vorlieben herausfiltern, Schwerpunkte setzen und sich ein »eigenes Berufsfeld« erschließen. Die Stadt- und die Verkehrsgeographie, insbesondere in ihrer angewandten Ausrichtung, bildeten meine Interessenschwerpunkte. Durch diverse Praktika und Werkvertragsarbeiten, u. a. beim Planungsamt und in einem Ingenieurbüro, aber auch durch die Mitarbeit in verschiedenen Verkehrsarbeitskreisen konnte ich hier meine Kenntnisse vertiefen und zugleich die gestalterischen Möglichkeiten des Faches Geographie im Praxisbereich kennenlernen. In meiner Magisterarbeit habe ich dann mit dem städtischen Fahrradverkehr ein praxisrelevantes Thema gewählt, welches ich u. a. in Kooperation mit der örtlichen Stadtverwaltung gestalten konnte.

Mein abschließendes Fazit zum Studium der Geographie lautet: Das Fach Geographie gibt einem ausreichendes und gutes Werkzeug an die Hand, um sich kompetent in unterschiedlichste Themenbereiche und Berufsfelder einzuarbeiten. Einer gewissen Eigeninitiative, um seine Kenntnisse zu vertiefen, kann sich jedoch keiner entziehen.«

Michael F. (28)

»Bei der Geographie handelt es sich zwar um eines der ältesten Fächer, allerdings ist das Profil des Faches und damit auch der Universitätsausbildung lange nicht so klar wie etwa bei der Medizin oder Jura. Das ist sicherlich einer der Gründe, weshalb viele Abiturienten sich zunächst unsicher über ihre Entscheidung für ein solches Studienfach sind. Bei mir verhielt es sich ebenso.

Nach dem Abitur und dem angetretenen Zivildienst machte ich mir mehr und mehr Gedanken darüber, was für eine Ausbildung ich denn nun beginnen sollte. Eine Lehre schied relativ schnell aus, wie auch viele der »klassischen Studienfächer«. Es reifte langsam der Gedanke, mich für die Geographie zu entscheiden. Eine Entscheidung, die aufgrund der ungünstigen Berufsaussichten nicht ganz leicht fiel.

Der eigentlichen Einschreibung und Wahl des Abschlusses gingen bei mir mehrere Gespräche mit Berufsberatern voraus, die, nachdem sie zunächst der Idee sehr ablehnend gegenüberstanden, sagten, bei Interesse und Engagement sollte ich »es doch einfach 'mal versuchen«. Damit war die erste Entscheidung getroffen, die nächste betraf den Abschluss und den Studienort. Laut Studienberatung bestand damals keine Notwendigkeit, sich für einen der Traditions-Studienorte zu entscheiden, und auch eine Entscheidung für den Diplom-Abschluss sei nicht unbedingt erforderlich. Man versicherte mir statt dessen, dass der Magister Artium vor allem im Ausland eine größere Beachtung finden würde, etwa vergleichbar den heutigen aus dem angelsächsischen Raum übernommenen Studiengängen mit den Abschlüssen Bachelor und Master.

Meine Entscheidung für das Geographie-Studium mit dem Magister-Abschluss habe ich nie bereut; auch nicht die Tatsache, nicht an einer der großen Traditions-Universitäten zu studieren. Vielmehr empfinde ich nach wie vor ein kleines Institut, in dem vielleicht nicht alle Bereiche der Geographie durch Vorlesungen und Seminare vollständig abgedeckt werden, als eine besondere Herausforderung und Chance für den einzelnen Studierenden. Ich habe hier viel eher die Möglichkeit, einen Dozenten anzutreffen und eine Frage im persönliche Gespräch zu erörtern. Selbstverständlich liegt es dabei auch im verstärktem Maße in den Händen des Einzelnen, sich Spezialkenntnisse eigenständig zu erarbeiten. Eine große Hilfe können hierbei einschlägige Praktika im In- und Ausland sein.

Einer der größten Vorteile der Geographie: Man hat schon sehr früh während des Studiums die Möglichkeit, theoretische Kenntnisse in der Praxis einzusetzen und zu überprüfen. Dies beginnt mit einführenden Exkursionen und Praktika, vertieft sich in mehrtägigen Veranstaltungen, bis dann im Hauptstudium, als Höhepunkt des Studiums, eine große Exkursion (nach Wunsch möglichst in einen fernen Erdteil) zu vielfältigen weiteren Erfahrungen führt. Eine gewisse Reiselust und Offenheit sind damit Grundvoraussetzungen für das Studium der Geographie.

So kann ich aus meiner Sicht ebenfalls nur empfehlen, sich während des Studiums eine recht breite Wissensbasis zu verschaffen, die dann aber, möglichst regional und auf einen engeren Themenkreis beschränkt, zur Vertiefung anregen sollte.

Insgesamt handelt es sich um ein Fach, das ich mit Freude studiert habe, denn es eröffnet einem vom ersten bis zum letzten Semester die Möglichkeit, über den eigenen Tellerrand hinaus zu schauen und leistet durch seine Offenheit nicht zuletzt auch einen eigenen Beitrag zur Verständigung der verschiedenen Kulturen untereinander.«

Volker H. (26)

»Schon früh wusste ich, dass ich mich in meinem späteren Leben mit irgendetwas aus dem Bereich Natur und Umwelt beschäftigen wollte. Als in der Oberstufe kein Leistungskurs Erdkunde zustande kam und mir nur die Möglichkeit gegeben war, einen Grundkurs zu besuchen, betrachtete ich dies zunächst als Rückschlag meines Vorhabens. Doch es sollte sich herausstellen, dass mich dieser Grundkurs sehr gut auf das Studium der Geographie vorbereitet hat, fiel mir doch der Einstieg ins Studium relativ leicht. Das lag vermutlich neben dem bereits vorhandenen fachlichen Wissen auch daran, dass ich glücklicherweise gleich zu Beginn des ersten Semesters einige Kommilitonen kennenlernte, die ebenfalls das Ziel hatten, zügig das Studium durchzuziehen und nicht bei der ersten Schwierigkeit oder dem ersten »Durchhänger« das Studium abzubrechen, wie es der überwiegende Teil meiner Mitstreiter im Laufe der ersten vier Semester tat. Auch heute nach Beendigung des Studiums treffen wir uns noch regelmäßig.

Während des Grundstudiums wurde mir sehr schnell klar, dass meine Vorlieben im Bereich der Physischen Geographie liegen und dementsprechend gestaltete ich auch mein Hauptstudium. Zuerst pickte ich mir die Rosinen aus dem Vorlesungsverzeichnis, dann füllte ich mir den Rest mit den Pflichtvorlesungen aus dem Bereich der Kulturgeographie auf, ohne jedoch dabei Versäumnisse im Pflichtbereich zustande kommen zu lassen. So organisierte ich mir ein Studium, das weitestgehend auf meine Interessen zugeschnitten war und mir daher sehr viel Spaß bereitete.

Sicherlich, nur von seinen Interessen sollte man sich nicht leiten lassen. Neben den an der Universität gebotenen Kursen sollte man jegliche Möglichkeit zur Weiterbildung nutzen, sofern sie in den verfolgten Themenbereich passt, auch wenn dies teilweise mit höheren finanziellen Belastungen verbunden ist. So ist es äußerst vorteilhaft, seine Sprachkenntnisse zu erweitern und möglicherweise sogar einen Auslandsaufenthalt von ein oder zwei Semestern einzubinden, was generell zu Beginn des Hauptstudiums ohne weiteres möglich ist. Neben der sprachlichen Verbesserung zeigt dies späteren Arbeitgebern vor allem auch die Bereitschaft zur Flexibilität und kann sicherlich als Pluspunkt bei zukünftigen Bewerbungen verbucht werden. Weiterhin ist es für Geographen mittlerweile absolute Pflicht, computergestützt arbeiten zu können und zumindest die Standardsoftware zu beherrschen. Im Bereich der Physischen Geographie ist es äußerst vorteilhaft, auch Einblicke in die Welt der CAD- und GIS-Programme zu nehmen. Vor allem im Bereich der Geographischen Informationssysteme stehen die Chancen nach Abschluss des Studiums zur Zeit relativ gut, als Geograph einen adäquaten Job zu bekommen. Immerhin geht dem Geographen der Ruf voraus, vernetzt denken zu können und nicht nur ein auf eine einzige Problemlösungsmöglichkeit fixiertes Studium absolviert zu haben. Das heißt aber nicht, dass die Arbeitsmarktlage auch in fünf Jahren noch so sein muss. Als ich mit dem Studium begann, waren GIS-Programme allenfalls in Insider-Kreisen bekannt. So wie in anderen Berufssparten auch muss man in der Geographie eine hohe Bereitschaft zur Flexibilität mitbringen, und zwar nicht nur fachlich, sondern vor allem auch räumlich. Kaum einer meiner einstigen Kommilitonen fand an unserem Studienort Arbeit. Ganz im Gegenteil: Wir sind mittlerweile über ganz Deutschland und im benachbarten Ausland verstreut.«

Andreas H. (29)

2. Fakten zum Studium

2.1 Studienvoraussetzungen

- Allgemeine Hochschulreife (also keine Fachhochschulreife!):
  Diese wird durch ein bundesdeutsches Reifezeugnis (Abitur) oder einen gleichwertigen Bildungsnachweis (beim 2. Bildungsweg) bestätigt. Wer keine bundesdeutsche Hochschulreife, sondern die eines anderen Landes besitzt, muss sich rechtzeitig um die Anerkennung bemühen.

- Zulassungsbeschränkungen:
  An den meisten Universitäten wird die Geographie noch als »zulassungsfreies Fach« geführt und kann also ohne größere Auflagen studiert werden. Im Zuge der knappen finanziellen und damit auch personellen Ressourcen sowie der Studentenmassen, die gegenwärtig wieder die Hörsäle und Seminarräume füllen, kann aber zukünftig davon ausgegangen werden, dass auch dieses Fach wie bereits viele andere mindestens mit einem universitätsinternen *Numerus clausus* belegt wird. An einigen Hochschulen wird dies schon praktiziert, um dem Ansturm von Studierwilligen einigermaßen Herr zu werden.

2.1.1 Allgemeine und fachspezifische Voraussetzungen

Da sich die Geographie inhaltlich und auch methodisch zwischen den naturwissenschaftlichen und geistes- bzw. sozialwissenschaftlichen Disziplinen bewegt, kann es nur jedem am Fach Interessierten empfohlen werden, sich bereits während der Schulzeit ein breites Wissensfundament anzueignen.

Der spätere Studierende sollte die grundsätzliche Bereitschaft erkennen lassen, sowohl in den Naturwissenschaften als auch in den Geistes- und Sozialwissenschaften fundierte Kenntnisse zu erwerben. Betont einseitige Interessen können den Verlauf des Studiums erheblich erschweren, denn zumindest im Grundstudium fließen beide Bereiche in Form von Grundlagen in der Physischen Geographie wie auch in der Anthropogeographie in Lehre und Prüfung mit ein.

Der Geograph gilt oft als ein »Zehnkämpfer«, dessen besondere Qualifikation in der Wissensvielfalt liegt; er wird aber auch dem Vorwurf begegnen, über keine ausreichende fachliche Tiefe zu verfügen. Im

Hauptstudium sei daher zu einer Schwerpunktlegung (anthropogeographische oder physisch-geographische Vertiefungsrichtung) geraten, die sich vornehmlich aus den eigenen Neigungen und Vorstellungen über die spätere Berufstätigkeit ergibt. Es ist ferner erforderlich, sich bereits während des Studiums in mindestens einer weiteren, der geographischen Arbeit zuträglichen Disziplin (z. B. Botanik) zu vertiefen und sich hier um Spezialwissen zu bemühen.

Solche späteren Vertiefungsrichtungen können bereits während der Schulzeit »vorbereitet« werden, etwa über die Wahl der Leistungskurse. Fundierte Kenntnisse in den Fächern Mathematik, Biologie, Chemie, Physik, aber auch in der Politik- und Sozialkunde sowie in den wichtigsten lebenden Fremdsprachen sind in jedem Falle von großem Vorteil für das Studium. Im Studium gilt es, diese schulischen Grundlagen dann fortzuentwickeln, z. B. auf dem Gebiet der EDV, Statistik, Botanik etc.

Gute Kenntnisse der englischen Sprache gelten als obligatorisch und bleiben eine essentielle Grundlage für die Arbeit mit internationaler Literatur, im Austausch mit Kommilitonen und Wissenschaftlern anderer Nationalitäten sowie bei Auslandsaufenthalten, Praktika etc. Weitere Sprachkenntnisse etwa in Französisch, Spanisch oder Italienisch werden zwar bisher noch nicht als Voraussetzung angesehen, erleichtern aber die Arbeit um ein Vielfaches. Ferner können sie eine wichtige Zusatzqualifikation beim späteren Berufseinstieg sein.

Kenntnisse im Umgang mit der elektronischen Datenverarbeitung sind ebenfalls unumgänglich. Grundlagen in einem gängigen Textverarbeitungsprogramm (z. B. MS Word) ersparen auch bereits dem Studienanfänger bei der Erstellung der ersten Hausarbeit mühsame Stunden mit der Schreibmaschine und diversen Löschpapieren. Ferner sind Kenntnisse in Tabellenkalkulations- und Statistikprogrammen von Vorteil, können aber ggf. auch über entsprechende Kurse in den Universitätsrechenzentren, an den Instituten oder auch außerhalb der Alma mater (z. B. bei Volkshochschulen) erworben werden.

Nicht zuletzt wird von einem Geographen Weltoffenheit, Neugier und eine gute Portion Interesse an allem Fremden erwartet, denn sowohl im Studium als auch eventuell im späteren Betätigungsfeld locken der Heimat weit entfernte Gefilde und damit die Erfordernis, sich gegenüber Unbekanntem zu öffnen und sich auch mit Ungewohntem zu arrangieren.

Eine gute körperliche Verfassung und Belastbarkeit können ebenfalls von Vorteil sein. Der physisch-geographische Arbeitsbereich verlangt beispielsweise die Arbeit im Gelände, die je nach »Einsatzort« (Hochgebirge z. B.) mit erheblichen Strapazen verbunden sein kann.

2.2 Studiengänge: Welche Wege führen zum Studienabschluss?

Das Fach Geographie kann man noch an nahezu allen bundesdeutschen Hochschulen studieren. Allerdings scheint auch diese Tatsache gegenwärtig einen massiven Umbruch zu erfahren, da, ähnlich wie bei den Zugangsvoraussetzungen, finanzielle Engpässe einschneidende Maßnahmen wie beispielsweise die Schließung zahlreicher Institute erforderlich machen.

Ferner limitiert die Wahl des Studienabschlusses die persönliche Studienortwahl, da nicht an allen Hochschulen alle Abschlüsse erworben werden können. Auch differieren die Studienschwerpunkte von Hochschule zu Hochschule, da sich die Lehrangebote für ein vertieftes Studium in einem nicht unbeträchtlichen Maße auch an den Arbeitsrichtungen der jeweiligen Professoren orientieren. Eine frühzeitige Auseinandersetzung mit den eigenen Interessen und Vorstellungen sowie den Gegebenheiten des in Frage kommenden Institutes sei dringend angeraten. Gegebenenfalls ist auch ein Ortswechsel in den ersten Semestern mit dem Ziel einer »Korrektur« des Werdeganges ins Kalkül zu ziehen.

Grundsätzlich kann Geographie als Hauptfach in drei verschiedenen Studiengängen studiert werden: Als *Lehramts-*, *Magister-* und als *Diplomstudiengang*. In den beiden letztgenannten Studiengängen ergibt sich auch die Möglichkeit, die Geographie als Nebenfach zu wählen. Hinzukommen werden zukünftig so genannte neue, »internationale« Studiengänge, deren Struktur und Verlauf derzeit in den Universitäten und Fachverbänden entwickelt werden. Diese neuen Studiengänge sollen mit den im anglo-amerikanische System üblichen Abschlüssen angeboten werden, d. h. Absolventen erlangen den Grad des *Bachelors* (BA) und optional nach zwei weiteren Studienjahren den Grad eines *Masters* (MA).

Es ist bereits absehbar, dass die genannten neuen Studiengänge in Zukunft eine immer größere Rolle spielen werden, wenn sie nicht sogar das bisherige Angebot gänzlich ablösen. Mit ihnen verbinden die Universitäten und zuständigen Ministerien die Hoffnung auf verkürzte Studienzeiten mittels komprimierter und praxisnaher Studieninhalte, eine verbesserte Kompatibilität der Abschlüsse auf dem internationalen Arbeitsmarkt in Zeiten der Globalisierung und eine verbesserte Konkurrenzfähigkeit im internationalen Vergleich.

Es bleibt abzuwarten, wie der Arbeitsmarkt auf die neuen Entwicklungen reagieren wird.

2.2.1 Studiengang »Lehramt«

Der Lehramtsstudiengang bereitet den Studierenden auf ein fest umrissenes Tätigkeitsfeld vor. Ziel des Studiums ist die Befähigung, ein Lehramt an allgemeinbildenden Schulen auszuüben. Bereits vor Beginn des Studiums ist es erforderlich, sich für die spätere Schulform, an der man als Erdkundelehrer unterrichten möchte, zu entscheiden. Hier stehen folgende Möglichkeiten offen:

- Lehramt an Realschulen (Sekundarstufe 1) bzw. an Haupt- und Realschulen (abhängig vom Bundesland)
- Lehramt an Gymnasien (Sekundarstufe 1 und 2)

Je nachdem, für welches Lehramt man sich entscheidet, fallen Studienverlauf und Prüfungsanforderungen etwas unterschiedlich aus.

Für alle Lehramtsstudiengänge gilt jedoch folgendes:

Das Fach Geographie wird immer in Kombination mit einem zweiten, ggf. auch mit einem dritten, gleichwertigen Fach studiert. Welche Wahl man dabei hat, hängt vom Studienort und damit vom Angebot der jeweiligen Hochschule ab. Hinzu kommt ferner das Pflichtfach Erziehungswissenschaften, welches für alle Lehramtsstudiengänge obligatorisch ist.

Bei der Wahl der Universität ist vom Lehramtskandidaten zu bedenken, in welchem Bundesland er später als Lehrer tätig sein möchte, denn das jeweilige Studium wird eventuell nur in dem Land anerkannt, in dem es absolviert wurde. Der Lehramtsstudiengang ist im Gegensatz zum Diplom- oder Magisterstudiengang ein staatlicher Abschluss und unterliegt den Bestimmungen des Kultusministeriums des jeweiligen Bundeslandes. Bei einem länderüberschreitenden Studienortwechsel muss man damit rechnen, einige Prüfungen nachträglich ablegen zu müssen.

Während des Studiums müssen in der Regel Schulpraktika geleistet werden, bei denen man für einen bestimmten Zeitraum in einer Schule tätig ist und sein Geschick als angehender Lehrer unter Beweis stellen kann.

Für Lehramtsstudierende, deren tatsächlicher Wunsch es ist, den Lehrerberuf auch auszuüben, sei angeraten, ihr Studium auf den Erwerb eines möglichst breiten Wissensspektrums anzulegen, da Spezialwissen an der Schule nur eine untergeordneter Rolle spielt. Dennoch ist es selbstverständlich möglich, sich in Teilen zu vertiefen und seine Kenntnisse in speziellen Bereichen zu erweitern.

Die staatliche Hochschulprüfung nach dem Studium besteht aus einer Vielzahl von Einzelprüfungen, wobei sich der Prüfungszeitraum meist über eine längere Zeit erstreckt.

Studienverlauf:

- *Grundstudium*, in dem eine bestimmte Anzahl von Leistungsnachweisen (»Scheine«) erworben werden muss
- *Zwischenprüfung* zwischen Grund- und Hauptstudium; sie berechtigt zur Aufnahme des Hauptstudiums.
- *Hauptstudium*, in dem bestimmte Scheine vorgeschrieben sind
- *1. Staatsexamen*, bestehend aus einer schriftlichen Hausarbeit sowie mehreren schriftlichen und mündlichen Einzelprüfungen
- Zumeist zweijähriges *Referendariat* an einer Schule
- *2. Staatsexamen*, bestehend aus einer schriftlichen Hausarbeit sowie mehreren mündlichen Prüfungen; das 2. Staatsexamen schließt die Ausbildung ab und berechtigt zur Ausübung des Lehramtes an einer Schule.

2.2.2 Studiengang »Magister Artium« (M.A.)

Im Magisterstudiengang werden zumeist drei Fächer in Form von einem Hauptfach und zwei Nebenfächern miteinander kombiniert. An einigen Hochschulen lassen sich auch zwei gleichwertige Hauptfächer, z. B. Geographie und Soziologie, miteinander im Magister-Studiengang studieren.

Zu beachten ist, dass in der bisher üblichen Dreierkombination den Nebenfächern in erster Linie eine ergänzende Funktion zukommt, die das Wissen um die Erkenntnisse aus zwei weiteren Disziplinen erweitern sollen. Der Abschluss des Magister Artium (M.A.) ist der traditionelle Abschluss der philosophischen Fakultät (also der Geistes- und Sozialwissenschaften), d. h. ein universitätseigener Abschluss, der, im Gegensatz zum staatlichen Abschluss des Lehramtes, den Bestimmungen der jeweiligen Universität unterliegt.

Welche Fächerwahl man vornehmen kann, hängt, neben den eigenen Interessen, vor allem vom Angebot und den Bestimmungen der einzelnen Universitäten ab. An den meisten Hochschulstandorten besteht allerdings eine große Vielfalt an kombinierbaren Disziplinen, so dass man seine Wahl durchaus unter der Berücksichtigung der eigenen Neigungen und des später angestrebten beruflichen Tätigkeitsfeldes treffen sollte. Allerdings muss in den meisten Fällen mindestens ein Nebenfach den Geistes- und Sozialwissenschaften zugeordnet werden können.

Als Magisterkandidat besitzt man gute Möglichkeiten zur individuellen Studiengestaltung mit der entsprechenden Schwerpunktlegung. Im Hinblick auf den derzeit sehr angespannten Arbeitsmarkt ist es nur allzu ratsam, seine Kenntnisse in mindestens ein bis zwei Bereichen zu vertiefen und sein Augenmerk frühzeitig auf die erforderlichen Zusatzqualifikationen für den späteren Berufseinstieg zu lenken. Pädagogische und fachdidaktische Veranstaltungen sind im Gegensatz zum Lehramtsstudium im Lehrplan des Magisterstudienganges nicht vorgesehen. Ein Besuch solcher Angebote kann aber zu Gunsten der Fähigkeit, Themen »zuhörerfreundlich« zu präsentieren, nicht schaden.

Je nachdem, ob man Geographie im Hauptfach oder im Nebenfach studiert, unterscheiden sich sowohl Studien- wie auch Prüfungsordnung. Es ist ferner zu beachten, dass nur der Studierende sich später einmal Geograph nennen darf, der das Fach auch als Hauptfach studiert hat.

Studienverlauf:

- *Grundstudium*, in dem eine bestimmte Anzahl an Scheinen erworben werden muss
- *Zwischenprüfung* zwischen Grund- und Hauptstudium; sie berechtigt zur Aufnahme des Hauptstudiums.
- *Hauptstudium*, in dem eine bestimmte Anzahl an Scheinen erworben werden muss; es empfiehlt sich hier eine Schwerpunktlegung mit Hinblick auf die Magisterarbeit und das anvisierte Berufsfeld vorzunehmen.

- *Magisterprüfung*, bestehend aus einer schriftlichen Hausarbeit (Magisterarbeit) und mehreren mündlichen Prüfungen in Haupt- und Nebenfächern.

2.2.3 Studiengang »Diplom«

Der Diplomabschluss ist wie der Magisterabschluss ein universitätseigener Abschluss und unterliegt somit den Bestimmungen der jeweiligen Hochschule. Das Diplom wird traditionell allerdings als der Abschluss der mathematisch-naturwissenschaftlichen Fakultät angesehen.

Studiendauer und -anforderungen sind mit denen im Magisterstudiengang grundsätzlich vergleichbar, allerdings ist für den Erwerb des Diploms ein im Studium integriertes berufskundliches Praktikum erforderlich. Dadurch hat sich allgemein die Meinung herausgebildet, das Diplom deute mehr auf ein angewandtes, praxisnahes Studium hin.

Ein Berufspraktikum abzuleisten empfiehlt sich allerdings auch dringend für Studierende des Magisterstudiengangs, bleibt dort aber weitgehend dem eigenen Engagement überlassen.

Der Studiengang Diplom-Geographie wurde – neben der klassischen Lehramtsausbildung – erst in den 1960er Jahren eingeführt. Man kam damit einerseits der Forderung nach, Geographen auch außerhalb des Schulwesens in praktischen Tätigkeitsfeldern einzusetzen, andererseits forderte der Bedarf nach räumlicher Planung universitär ausgebildete Experten. Den gleichen Forderungen kommt heute auch der Magisterstudiengang in vollem Umfange nach.

Das Diplom gilt heute als anerkannter und etablierter Abschluss, vornehmlich für den Geographen in der Praxis, und wird von einer mittlerweile erdrückenden Masse aller Studierenden angestrebt.

2.2.4 Tipps zum Aufbau des Studiums

Grundstudium

Das Grundstudium, das gemäß der Regelstudienzeit vier Semester umfassen sollte, dient der fachlichen Einführung und dem grundlegenden Überblick. Eines der wichtigsten Ziele dieser Studienphase besteht darin zu lernen, wie man wissenschaftlich arbeitet. Dies geschieht vor allem in den Einführungskursen. Zusätzlich sollte man diese Zeit als Orientierungsphase nutzen und versuchen, den eigenen

Interessen, Fähigkeiten und Berufsvorstellungen entsprechend, mögliche Schwerpunkte innerhalb des Studienfaches zu finden.

Spätestens in den auf den Einführungskursen aufbauenden Seminaren muss man eine erste Seminararbeit anfertigen, für die man dann einen Schein erhält. Diese Arbeiten sind primär gedacht, das wissenschaftliche Arbeiten zu üben. Viele Studierende denken, sie müssten bereits eine perfekte Arbeit abliefern, und setzen sich damit selbst einem unberechtigten Druck aus. Diese überhöhten Selbstanforderungen sind unangemessen und unnötig, denn ein Ziel des Grundstudiums soll es ja sein, zunächst einmal aus den eventuell auftretenden Fehlern zu lernen.

Weiterhin bietet das Grundstudium gute Möglichkeiten, über den fachlichen Tellerrand hinauszuschauen. So empfiehlt es sich, auch in andere Fächer (z. B. in den Nachbardisziplinen der Geographie) hineinzuschnuppern und die ein oder andere Veranstaltung zu besuchen.

Hauptstudium

Im Hauptstudium ist es ratsam, neben einem weiteren Gewinn an Fachkenntnissen besonderen Wert auf eine individuelle Spezialisierung zu legen. In der Geographie bedeutet dies zunächst, eine Entscheidung für die Physische Geographie oder die Anthropogeographie zu treffen. Tendiert man also mehr zu der natur- oder der sozialwissenschaftlichen Ausrichtung des Faches? Entsprechend sollte man verstärkt seine Lehrveranstaltungen wählen, wenngleich an dieser Stelle auch deutlich gesagt werden muss, dass man innerhalb des Faches langsam und endlich zu der Erkenntnis gelangt, dass nur ein integrativer Ansatz die heutigen Probleme lösen kann und die Geographie als wissenschaftliche, vor allem aber auch als praxisorientierte Disziplin konkurrenzfähig macht. Gerade durch die halsstarrige Zweiteilung in ein physisch-geographisches und ein anthropogeographisches »Lager« ist dem Fach als Einheit in den letzten Jahrzehnten viel Schaden durch seine Vertreter zugefügt worden! Dem gegenwärtig Studierenden sei durchaus eine fachliche Spezialisierung angeraten; die komplexe Umwelt fordert aber heute wesentlich mehr, als den in seinen Bahnen festgefahrenen »Fachidioten«.

Das Hauptstudium zeichnet sich ferner durch praktische Arbeiten und einen fortgeschrittenen Methodeneinsatz aus, welche in Projektseminaren, Praktika und Übungen vermittelt werden. Hinzu kommt eine große Exkursion, die eine intensive Vor- und Nachbereitung in Form von Seminaren und Vorlesungen verlangt.

2.2.5 Neue Studiengänge: »Bachelor« und »Master«

Im Rahmen der in den letzten Jahren zunehmend stärker gewordenen Debatte um die Notwendigkeit, neue hochschulpolitische Wege einzuschlagen, und einer damit verbundenen grundlegenden Reform der Studiengänge wird gegenwärtig die Einführung neuer Studienabschlüsse nach anglo-amerikanischem Vorbild diskutiert.

Hierbei handelt es sich um die bereits oben kurz erwähnten Bachelor- und Masterstudiengänge, die nach britischer und nordamerikanischer Machart mit so genannten »gestuften (konsekutiven) Studienabschlüssen« studiert werden können.

Da die hochschulpolitischen Diskussionen derzeit noch kein einvernehmliches Ende erkennen lassen, kann an dieser Stelle nur der gegenwärtige Stand der Dinge wiedergegeben werden, welcher sich wiederum lediglich auf das Fach Geographie bezieht. Da es bisher sehr heterogene Vorstellungen und Konzepte sowohl auf Bundesländerebene als auch an den einzelnen Universitäten und Instituten gibt, können leider noch keine konkreten Organisationsformen, Erfahrungen mit diesen Abschlüssen auf dem deutschen Arbeitsmarkt oder Ratschläge für die individuelle Organisation des Studiums aufgezeigt werden.

Gerade in der Frage um einheitliche und damit vergleichbare Mindeststandards in Form von Studienanforderungen herrscht noch weitgehend Uneinigkeit. Ferner ist zu berücksichtigen, dass die Einführung neuer Studiengänge, vermutlich auf Kosten der bisherigen Angebote, einen tiefgreifenden Umbau des gesamten Hochschulsystems (z. B. hinsichtlich der Verhältnisse zwischen Universitäten und Fachhochschulen) bedeutet. Die Folgen, positive wie negative, sind derzeit noch nicht absehbar.

Im Folgenden seien beide Studiengänge nach dem derzeitigen Stand der Dinge kurz skizziert – die endgültigen Bestimmungen können aus genannten Gründen zum Zeitpunkt der Fertigstellung dieses Buches aber noch nicht hinreichend vermittelt werden und müssen vom Studierenden bei den geeigneten Anlaufstellen selbst erfragt werden.

Bachelor-Studiengang

Er umfasst sechs Semester (inkl. Abschlussarbeit) und splittet sich nicht mehr wie bisher in Grund- und Hauptstudium. Zwischenprüfung bzw. Vordiplom entfallen.

Das Studium setzt sich aus einzelnen Modulen zusammen, die mit einem Leistungsnachweis (Klausur, Hausarbeit, Referat, Protokoll o. ä.) abgeschlossen werden. Diese studienbegleitenden Leistungsprüfungen sollen über die gesamte Studienzeit kumuliert werden. Eine Abschlussprüfung entfällt.

Das Bachelor-Studium beinhaltet vornehmlich Module aus der Geographie, es werden aber auch stärker als bisher Lehreinheiten aus Nachbardisziplinen (z. B. Mathematik, Chemie, Wirtschaftswissenschaften, Recht etc.) sowie praktische Inhalte (Medien, EDV, Präsentationen etc.) einbezogen, so dass eine gewisse Interdisziplinarität und damit verbesserte Problemlösungskompetenz für die spätere Berufspraxis erzielt werden können.

Die Leistungsbewertung erfolgt neben einer Benotung mit so genannten gewichteten »Credit Points«, d. h. nach einem Punktesystem. Eine bestimmte Anzahl von Punkten ist dann für den erfolgreichen Abschluss eines Moduls erforderlich.

Studienbegleitend soll ein außeruniversitäres, berufskundliches Praktikum absolviert werden. Hauptbestandteil des Studiums soll die Arbeit in Projektseminaren sein.

Die Abschlussarbeit soll sich ferner einem praxisrelevanten Thema widmen und sich entweder aus der Arbeit im Praktikum oder der in einem Projektseminar ergeben. Eigene wissenschaftliche Erhebungen im Rahmen der Abschlussarbeit sollen nicht erforderlich werden.

Master-Studiengang

Der Master-Studiengang baut maßgeblich auf den Kenntnissen des Bachelor-Studienganges auf und kann erst nach dessen erfolgreichem Abschluss begonnen werden.

Der Master-Studiengang umfasst in der Regel vier weitere Semester, dient der Vertiefung und Spezialisierung der Ausbildung und soll ferner eine forschungsorientierte Profilierung der Kandidaten erbringen. Erst nach Erlangen des Master-Grades kann eine Berechtigung zum Promotionsstudium erteilt werden.

Master-Studiengänge können sowohl disziplinär (ein Teilgebiet der Geographie, z. B. Wirtschaftsgeographie wird vertieft behandelt) als auch interdisziplinär (es wird thematisch verstärkt mit einer oder mehreren Nachbardisziplinen zusammengearbeitet, z. B. im Bereich der Landschaftsökologie, Umweltplanung etc.) aufgebaut sein.

Auch der Master-Studiengang geht von einer Kombination von Einzelmodulen aus. Die Abschlussarbeit soll eher forschungsnah gestaltet werden und setzt eigene wissenschaftliche Erhebungen voraus.

2.2.6 Das Promotionsstudium

Die Promotion, d. h. im Falle der Geographie: der Erwerb des naturwissenschaftlichen oder des philosophischen Doktorgrades, erfordert den erfolgreichen Abschluss (Diplom, Magister Artium, Staatsexamen oder Master) eines mindestens acht-semestrigen wissenschaftlichen Studiums der Geographie an einer Universität oder gleichgestellten Hochschule.

Die Studiendauer ist im Prinzip unbegrenzt und richtet sich in erster Linie nach der Zeit, die man zur Erstellung der Doktorarbeit benötigt. In der Regel kann man von einer drei- bis fünfjährigen Dauer bis zum Erlangen des Doktorhutes veranschlagen. Die Doktorarbeit (auch Dissertation) stellt den Kern des Promotionsstudiums dar. Dieses verfolgt das Ziel, durch eine wissenschaftliche Arbeit größeren Umfangs neue fachliche Erkenntnisse zu liefern.

Wichtig ist, sich einen »Doktorvater« (Universitätsprofessor, der die Arbeit betreut und später auch die Prüfung abnimmt) zu suchen, mit dem man während des gesamten Promotionsstudiums aller Voraussicht nach gut auskommen kann. Auch das Thema der Doktorarbeit sollte den Doktoranden so stark interessieren, dass eine langjährige intensive Beschäftigung mit der Materie möglich erscheint. Allzu leicht werden diese wichtigen Bedingungen als gegeben angesehen und ein eventuelles Scheitern dadurch nicht einkalkuliert!

An manchen Universitäten gibt es die Möglichkeit zur Teilnahme an kleinen Arbeitsgruppen, in denen sich Doktoranden gegenseitig unterstützen können und einen Kreis von Kollegen finden, dem sie ihre Ergebnisse präsentieren können. Solche Arbeitskreise können auch überregional organisiert sein.

Ferner haben sich an den Instituten zumeist so genannte Examens- und/oder Doktorandenkolloquien etabliert, die ebenfalls der Präsentation der Forschungsergebnisse dienen.

Der Doktorgrad (im Fach Geographie entweder der Dr.rer.nat. für physisch-geographische Arbeiten oder der Dr.phil. für anthropogeographische Arbeiten) wird für die Erstellung einer Doktorarbeit sowie für das Ablegen einer oder mehrerer mündlicher Prüfungen vergeben.

Der Erwerb des Doktorgrades bescheinigt dem Kandidaten die Fähigkeit zur wissenschaftlichen Arbeit, die sich bei einer angestrebten universitären Karriere in der Aufnahme eines Habilitationsverfahrens (weitere sehr umfangreiche wissenschaftliche Arbeit »auf dem Weg zum Professor«) fortsetzen kann. Die dafür vorgesehenen Assistentenstellen an den Instituten sind, gerade in Zeiten des massiven Stellenabbaus, nur spärlich gesät, so dass ein Verbleib an der Hochschule genau überdacht werden sollte.

2.3 Veranstaltungsformen

2.3.1 Vorlesung

In einer Vorlesung referiert ein Dozent vor einem größeren Auditorium zu einem bestimmten Themenbereich; es handelt sich im Grundstudium hierbei i. d. R. um einen übergeordneten Teilbereich des Faches. Die Vorlesungen im Grundstudium dienen der Einführung und sollen den Studierenden einen Überblick über die Inhalte vermitteln sowie zu einer vertieften Beschäftigung mit dem Stoff anhand von Literatur anregen. Vorlesungen sind bestens dazu geeignet, sich ein breites Wissen zuzulegen. Im Hauptstudium dienen so genannte Spezialvorlesungen der vertieften Auseinandersetzung mit einer bestimmten Materie und können z. B. auch hinsichtlich der Vorbereitung von Prüfungsthemen hilfreich sein. Vorlesungen sind aber generell sowohl Studierenden des Grund- wie auch des Hauptstudiums zugänglich.

Im Gegensatz zu Seminaren und Übungen geht es bei einer Vorlesung nicht darum, die fachlichen Inhalte gemeinsam zu diskutieren, sondern das vom Dozenten dargebotene Wissen aufzunehmen, zu verstehen und ggf. für die eigene »Weiterverarbeitung« zu protokollieren. An einigen Hochschulen existieren zu verschiedenen Themenfeldern so genannte Vorlesungsskripte, die zumeist durch die Fachschaften gegen einen geringen Beitrag verkauft werden. Sie beinhalten den Stoff in aufbereiteter Form und wurden zumeist von älteren Studierenden aus Mitschriften zusammengestellt.

Die Möglichkeit zu direkten Fragen an den Dozenten besteht während einer Vorlesung im allgemeinen nicht, ist bei manchem Professor aber doch erwünscht.

Den Besuch einer Vorlesung sollte jeder Studierende für sich selbst abwägen. Zum einen hängt diese Entscheidung sicher von den didaktischen Fähigkeiten des Dozenten ab, denn man wird schnell erfahren müssen, dass nicht jeder gute Wissenschaftler auch automatisch ein guter Lehrer ist. Zum anderen sollte man individuell herausfinden, ob sich der zu lernende Stoff besser durch Zuhören (in einer Vorlesung) oder durch eigenes Erarbeiten (Selbststudium anhand von Büchern) einprägt.

Vorlesungen sind üblicherweise fakultative Veranstaltungen, d. h. man erwirbt hier keinen Schein, sondern schreibt sich die (hoffentlich regelmäßige!) Teilnahme lediglich in sein Studienbuch. Allerdings sollte man nicht das Registriervermögen mancher Professoren bezüglich »anwesender Gesichter« unterschätzen!

In manchen Fällen werden Vorlesungen auch in Form von Spezialvorlesungen (meist mit direktem regionalen Bezug, z. B. »Tourismus in Afrika«) mit weiteren Lehrveranstaltungen (z. B. Exkursionsseminaren) verknüpft, und die dort zu erbringenden Leistungen resultieren dann in einem Leistungsnachweis. Dies wird beispielsweise gerne zur Vorbereitung von Großexkursionen praktiziert.

Ferner kann der Stoff einer Vorlesung Inhalt einer Klausur sein (vor allem im Grundstudium) und somit ebenfalls eine regelmäßige Teilnahme wie intensive Beschäftigung mit dem Teilgebiet erforderlich machen.

2.3.2 Seminar

Anders als Vorlesungen bieten Seminare Raum zur aktiven Mitarbeit, d. h. zur fachlichen Diskussion und eigenen Beteiligung. Das Seminarangebot soll den Stoff aller Teilgebiete des Faches behandeln und vertiefen; dabei ist die Teilnehmerzahl meist begrenzt.

Für das Grund- und Hauptstudium werden jeweils unterschiedliche Seminare angeboten. Im Grundstudium begründen sie die Wissensbasis, auf der in den Seminaren des Hauptstudiums aufgebaut wird.

Als Studienanfänger braucht man sich zunächst noch nicht viele Gedanken über die Wahl seiner Seminare zu machen, denn Art und Anzahl wird durch die Studienordnung genau festgelegt. Zu beachten ist, dass die so genannten Einführungs-, Grund- oder auch Propädeutik-Seminare eine Vorbedingung für den Besuch der weiteren Seminare im Grundstudium darstellen, denn in ihnen soll neben einer allgemeinen Einführung in das Fach auch das grundlegende »Handwerkszeug« selbstständigen wissenschaftlichen Arbeitens vermittelt werden. Diese Veranstaltungen sollten also im ersten und zweiten Semester belegt werden.

An den Seminaren des Hauptstudiums kann im allgemeinen erst nach erfolgreicher Zwischenprüfung bzw. erfolgreichem Vordiplom teilgenommen werden. Hier sollen nun die fachlichen Grundlagen erweitert und vertieft sowie spezielle Themenbereiche der Geographie in größerer Ausführlichkeit, vor allem durch die Anwendung der Methoden wissenschaftlichen Arbeitens, behandelt werden. Spezielle Themenstellungen sollen in Eigenarbeit erschlossen, als Hausarbeit aufgearbeitet und die Ergebnisse in einer angemessenen Form vor der Seminargruppe referiert werden. Hinzu kommen Seminare, in denen die speziellen Arbeitsmethoden der Geographie vorgestellt und eingeübt sowie praktische Arbeiten in Form von konkreten Projekten (z. B. in Projektseminaren) erstellt werden.

Bei der Wahl der Seminare ist es ratsam, sich nicht ausschließlich an der persönlichen Interessenlage zu orientieren, sondern auch darauf zu achten, sich, auch im Hinblick auf spätere Prüfungen, zu einem breiten Themenspektrum eine solide Wissensbasis zu schaffen.

Sehr wichtig ist es auch, Verständnisprobleme oder Wissenslücken so weit wie möglich in den nachfolgenden Seminaren zu lösen bzw. auszugleichen.

Die Bezeichnungen und die damit verbundenen Inhalte der einzelnen Seminare differieren von Hochschule zu Hochschule. Man spricht von Einführungs-, Propädeutik-, Grund-, Unter- und/oder Proseminaren im Grundstudium und von Haupt-, Ober-, Exkursions- und/oder Projektseminaren im Hauptstudium. Angeboten werden Seminare zu den Bereichen Physische Geographie, Anthropogeographie, Regionale Geographie, Theorien und Methoden der Geographie und zur Didaktik der Geographie. In der Regel schließen Seminare mit einem Leistungsnachweis ab, der durch eine schriftliche Hausarbeit, einen Vortrag oder durch eine Klausur erworben wird.

2.3.3 Übung

An manchen Universitäten werden auch Übungen angeboten, die dem weiteren Erwerb praktischer Fähigkeiten dienen. Übungen sind i. d. R. keine Pflichtveranstaltungen; vielmehr können die Studierenden hier ihr bisher erworbenes Wissen erweitern und anwenden. Dieses muss nicht immer unmittelbar prüfungsrelevant sein, kann aber durchaus einen beträchtlichen Nutzen bringen.

An einigen Instituten werden auch oben genannte Seminare als Übungen bezeichnet, wie überhaupt die Namen der einzelnen Veranstaltungen recht unterschiedlich verwendet werden können.

2.3.4 Tutorium

Tutorien, seltener auch Repetitorien genannt, sind Veranstaltungen, die zumeist einer Vorlesung oder einem Seminar zugeordnet sind und das Ziel verfolgen, die dort vermittelten Inhalte mittels eines Tutors (oft ein Studierender höheren Semesters oder ein Mitarbeiter des Instituts) zu wiederholen und zu festigen. Tutorien dienen im allgemeinen der Klausurvorbereitung.

Repetitorien bezeichnen Vorbereitungskurse für Examenskandidaten und sind allerdings eher in den Rechtswissenschaften angesiedelt.

2.3.5 Kolloquium

Unter dem Begriff »Kolloquium« können je nach Institut verschiedene Veranstaltungen subsummiert werden:

Zu Kolloquien werden Wissenschaftler oder Berufspraktiker aus anderen Einrichtungen oder angewandten Arbeitsfeldern eingeladen, die über ihre Forschungen bzw. beruflichen Tätigkeiten berichten. Zu diesen Vorträgen sind in der Regel alle interessierten Studierenden und Dozenten des Institutes eingeladen.

Examenskolloquien dienen der Präsentation einer sich noch im Werden befindlichen Examensarbeit. Hier wird dem Kandidaten die Möglichkeit gegeben, seine bisherigen Ergebnisse einem aus Studierenden und Mitarbeitern bestehenden Publikum vorzustellen. Die anschließende Diskussion kann für den weiteren Fortgang der Arbeit u. U. sehr förderlich sein, denn durch das Plenum erhält der Kandidat neue Anregungen und kann seinen weiteren Arbeitsweg korrigieren.

Ähnlich den Examenskolloquien gestalten sich Doktoranden- und Habilitandenkolloquien. Sie dienen ebenfalls der Präsentation und Diskussion der eigenen Forschungsergebnisse.

2.3.6 Exkursion

Exkursionen stellen neben den obligatorischen Veranstaltungen, die in den meisten Fächern als Form der Lehre angeboten werden, eine Besonderheit dar, die nur in wenigen Disziplinen vertreten ist.

Sie verknüpfen Studientheorie mit der praktischen Erfahrung am Studienobjekt, dem konkreten geographischen Raum.

Meist erstrecken sich Exkursionen über mehrere Tage oder Wochen und führen eine Gruppe von Studierenden unter Anleitung eines Dozenten in einen Raum, der hinsichtlich seiner geographischen Besonderheiten näher betrachtet werden soll. Neben kürzeren Exkursionen, die sich meist mit kleineren Räumen innerhalb Deutschlands (z. B. Weserbergland, Nordseeküste, etc.) beschäftigen, werden an den Instituten auch Großexkursionen angeboten, wobei die Teilnahme für jeden Studierenden des Hauptstudiums Pflicht ist. Hier sind die Reiseziele zumeist schon wesentlich weiter gesteckt und können, je nach Forschungsschwerpunkt des Dozenten, recht exotische Gebiete umfassen (z. B. Bolivien, Sri Lanka, Australien, China etc.).

Gerade die Exkursionen bleiben den meisten Studierenden auch nach Studienabschluss als ganz besonderer Höhepunkt des Geographiestudiums in Erinnerung und bestätigen so manchen Weltenbummler in der Wahl seines Faches und in seinem weiteren Werdegang.

2.3.7 Praktikum

In Praktika, ähnlich wie in Übungen, soll der Studierende die spezifischen Arbeitsmethoden des Faches kennenlernen und anwenden. Hierfür steht i. d. R. Arbeit im Gelände, im Labor und am Computer auf dem Lehrplan. Insbesondere der Arbeit im Gelände wird in der Geographie eine große Bedeutung beigemessen, denn hier ist der unmittelbar praktische Bezug zum geographischen Raum herstellbar.

Meist werden die Praktika in einer Blockveranstaltung angeboten und bilden somit eine zeitliche und didaktische Einheit, was sich gerade bei Aufenthalten im Gelände und im Labor durch die Möglichkeit zur kontinuierlichen und damit vertieften Arbeit bewährt hat. Der Lehrstoff kann somit im Zusammenhang erarbeitet werden.

2.4 Leistungsnachweise: Welche Hürden sind zu nehmen?

Leistungsnachweise können auf zweifache Art und Weise erworben werden: durch so genannte »Scheine« und/oder bestandene Prüfungen in den verschiedenen Lehrveranstaltungen.

2.4.1 Scheine

Die jeweilige Studienordnung legt die Anzahl und Art der Leistungsnachweise fest, die während des Studiums erworben werden müssen. Diese so genannten »Scheine« müssen zum Ende der Studienzeit nachgewiesen werden, erst dann kann eine Zulassung zur Prüfung erfolgen. Einen Schein erwirbt man durch die »erfolgreiche Teilnahme« an einer Lehrveranstaltung, was sich zum einen in der schlichten regelmäßigen Anwesenheit ausdrücken kann oder aber durch das Bestehen einer Klausur, die erfolgreiche Bearbeitung einer Hausarbeit oder das gute Gelingen eines Vortrages. Die Anforderungen, die an den Erwerb eines Scheins geknüpft sind, liegen allgemein im Ermessen des jeweiligen Dozenten und können qualitativ sehr variieren.

2.4.2 Prüfungen

Der Studierende der Geographie muss sich im Verlaufe seines Studiums zwei größeren Prüfungen unterziehen. Dies ist zum einen die Zwischenprüfung bzw. das Vordiplom, welche das Grundstudium abschließt und üblicherweise zur Aufnahme des Hauptstudiums mit den dort erforderlichen Lehrveranstaltungen berechtigt.

Die weitaus umfangreichere und gewichtigere Prüfung stellt die Abschlussprüfung dar. Sie schließt das Studium ab und bescheinigt dem Studierenden den entsprechenden akademischen Grad (Diplom, Magister Artium oder 1. Staatsexamen).

Um sich für die entsprechenden Prüfungen anmelden zu können, müssen alle von der Studienordnung vorgeschriebenen Leistungen erbracht worden sein. Erst dann kann sich der Kandidat für die Prüfungsphase anmelden, die wiederum von einer Prüfungsordnung geregelt wird. Diese setzt die Prüfungsvoraussetzungen wie die Prüfungsanforderungen fest. Es ist äußerst ratsam, sich diese Ordnung frühzeitig zu besorgen und, im Falle der Abschlussprüfung, sich bereits in der letzten Phase des Studiums mit den Prüfungsfächern und deren Vorbereitung (vor allem in zeitlicher Hinsicht) auseinanderzusetzen. Dies erspart viel Stress und Panik in der eigentlichen, »heißen« Prüfungsphase!

Die Wahl des Prüfers ist genau zu überdenken, da sie für den Verlauf und das Ergebnis der Prüfung nicht unbedeutend ist. Eine Orientierungsmöglichkeit bieten die Seminare, in denen man feststellen kann, mit welchem prüfungsberechtigten Dozenten man am besten zurechtkommt. Es ist von daher sehr empfehlenswert, seine Veranstaltungen so aufzuteilen, dass man sich von jedem in Betracht kommenden Professor ein Bild machen kann.

Tipps für die Prüferwahl:

- Prinzipiell sollte man sich mit seinem Prüfer gut verstehen.
- Es ist empfehlenswert, sich bei Kommilitonen und/oder Absolventen früh über die Anforderungen und »Eigenarten« (Art der Prüfungsfragen, Prüfungsschwerpunkte etc.) des jeweiligen Prüfers zu informieren. Allerdings sollte man diese Aussagen auch kritisch bewerten, denn sie spiegeln immer eine subjektive Meinung sowie eine individuell empfindende Prüfungssituation wider.
- Die Spezialgebiete bzw. die Forschungsrichtungen des Prüfers sollte einem vertraut und zumindest in den Grundlagen präsent sein. Es kann darüber hinaus recht günstig sein, wenn die Prüfungsthemen nicht ganz außerhalb des Forschungsbereichs des Prüfers liegen.
- Ferner ist es sinnvoll, beim jeweiligen Prüfer mehrere Lehrveranstaltungen besucht zu haben. Man kennt dadurch den Dozenten besser, und auch ihm ist das »Gesicht« bereits vertraut.

Zwischenprüfung und Vordiplom

Für die Zwischenprüfung oder das Vordiplom sollte man sich bereits zu Beginn des Grundstudiums anhand der jeweiligen Prüfungsordnung darüber informieren, welche Anforderungen gestellt werden. So ist es besser möglich, sein Grundstudium, d. h. die Wahl der Veranstaltungen, so auszurichten, dass sich der bis zur Zwischenprüfung bzw. bis zum Vordiplom erwartete Wissensumfang langsam aufbauen kann.

Die Zwischenprüfung im Magister- und Lehramtsstudiengang sowie das Vordiplom im Diplomstudiengang sollte im Idealfalle nach dem vierten Fachsemester abgelegt werden. Beide Prüfungsvarianten schließen formal das Grundstudium ab und bestehen in der Regel aus mündlichen Prüfungen (meist zwei für die Bereiche Physische Geographie und Anthropogeographie) oder einer Klausur.

Abschlussprüfung (Magister-/Diplomprüfung, 1. Staatsexamen)

Die Abschlussprüfungen im Magister-, Diplom- und Lehramtsstudiengang unterscheiden sich hinsichtlich Umfang und Anzahl der Einzelprüfungen und werden durch die jeweiligen Prüfungsordnungen geregelt. Vor allem der staatliche Lehramtsabschluss differiert deutlich bezüglich der Anzahl der zu erbringenden Einzelleistungen gegenüber den universitätseigenen Abschlüssen.

Dennoch lassen sich einige Gemeinsamkeiten bei den Prüfungsteilen festhalten:

Es muss eine Hausarbeit (die so genannte Magister-, Diplom- oder Staatsexamensarbeit) zu einem wissenschaftlichen Thema erarbeitet werden. Dabei ist sowohl die Bearbeitungszeit wie auch der Umfang der Arbeit festgelegt.

Für die Abschlussarbeit ist es aus zeitlichen Gründen ratsam, kein völlig unbekanntes Thema zu wählen, sondern ein Gebiet, in das man bereits einigermaßen eingearbeitet ist und an dem man selbst großes Interesse hat. Viele Themenstellungen resultieren (idealerweise) aus Ideen und der Begeisterung, die ein Studierender während seines Studiums für einen speziellen Bereich entwickelt hat. In der Geographie kommen vielfach auch Vorlieben für bestimmte Regionen oder Länder zum Tragen, die dann für die Datenerhebung, z. B. im Gelände, noch einmal bereist werden.

Ferner gilt für alle Abschlussarbeiten: Je praxisorientierter das Thema, desto besser die Chancen auf dem Arbeitsmarkt! Nach wie vor sind viele Examensarbeiten zu abstrakt und theoretisch und damit für viele Arbeitgeber uninteressant. Ideal ist die Erstellung der Abschlussarbeit in Kooperation mit einem »externen Partner«, z. B. mit einem Unternehmen, einem Verband, einer Behörde etc. Dies zeugt nicht nur von einem hohen Engagement und Interesse an seinem zukünftigen Beruf, sondern gewährt auch neue Erfahrungen und einen fachlichen Austausch auf »professioneller Ebene«. Ferner erhöhen solche frühen Kooperationen ebenfalls die so wichtigen Kontakte zu einem späteren potentiellen Arbeitgeber.

Die Gliederung der Arbeit ist immer mit dem betreuenden Erstkorrektor zu diskutieren. Bei Unklarheiten empfiehlt es sich nachzufragen. Ferner sollte man bereits während der Erstellung der Arbeit Teile des Manuskripts Kommilitonen, Freunden oder Eltern zum Lesen übergeben. Gerade fachlich unbedarfte Personen eignen sich hervorragend, die sprachliche Verständlichkeit, den Gang der Argumentation oder die Wahl der Beispiele zu beurteilen. Denn eines gilt keinesfalls: Je unverständlicher, desto wissenschaftlicher!

Es müssen eine oder mehrere Klausuren (je nach Studiengang und Fächerkombination) in einem oder mehreren Fächern bestritten werden. Bei der unmittelbaren Vorbereitung ist es empfehlenswert, sich von der »Oberfläche« aus in die »Tiefe« des Lernstoffes einzuarbeiten – nicht umgekehrt, da sonst das typische Phänomen »vor lauter Bäumen den Wald nicht mehr sehen« auftreten kann. Wenn die eigene geistige »Speicherkapazität« dennoch einmal erreicht zu sein scheint: Statt Panik – besser Mut zur Lücke!

Ferner wollen mindestens 1-3 mündliche Prüfungen überstanden werden. Auch hier variieren die Anzahl und der zeitliche Umfang, abhängig vom jeweiligen Studiengang und der Fächerkombination. Als Prüfungsthemen sollte man solche wählen, in die man schon einigermaßen eingearbeitet ist, z. B. über die Bearbeitung einer Hausarbeit oder den Besuch einer Lehrveranstaltung. Wenn möglich, ist es äußerst empfehlenswert zu versuchen, diese Themen mit dem Prüfer im Vorfeld abzusprechen bzw. näher einzugrenzen.

Bei vielen Studierenden ist ein Hinauszögern der Examensphase zu beobachten. Dies lässt sich vielfach mit Prüfungsängsten oder dem Unvermögen, seine eigene Leistungsfähigkeit richtig einzuschätzen, erklären. Es sei jedoch darauf hingewiesen, dass Warten (ohne ersichtliche Gründe wie z. B. durch das Absolvieren zusätzlicher Praktika) nicht unbedingt den Prüfungserfolg steigert. In Fällen von starken Prüfungsängsten sollte man beispielsweise der psychologischen Beratungsstelle für Studierende an der Universität anvertrauen.

3. Studienorganisation, Studienanforderungen

3.1 Immatrikulation

Am Anfang eines jeden studentischen Lebens steht die Immatrikulation, d. h. die Einschreibung für ein bestimmtes Fach oder eine Fächerkombination. Normalerweise muss man zur Immatrikulation persönlich im Studierendensekretariat erscheinen. Zu beachten sind hierbei die Einschreibefristen, die ebenfalls dort vorher zu erfragen sind.

In der Geographie ist der Studienbeginn meist nur zum Wintersemester möglich.

Für die Einschreibung sind in der Regel folgende Unterlagen erforderlich:

- Zulassungsbescheid für die Aufnahme des Studiums (soweit eine Zulassungsbeschränkung besteht)
- Original und beglaubigte Kopie des Reifezeugnisses
- Versicherungsnachweis der Krankenversicherung
- Passbilder
- Eventuell ein polizeiliches Führungszeugnis
- Beleg über die bezahlten studentischen Beiträge, die in jedem Semester neu zu entrichten sind

Hat man sich offiziell an einer Universität eingeschrieben, bekommt man neben dem Studierendenausweis auch ein Studienbuch ausgehändigt. In dieses trägt man im Verlaufe seines Studiums alle erbrachten Leistungen und studienrelevanten »Vorkommnisse«, d. h. belegte Lehrveranstaltungen (mit Teilnahme- oder Leistungsnachweise), abgelegte Prüfungen, Fachwechsel, Urlaubssemester etc. ein. Das Studienbuch muss sorgfältig aufbewahrt werden, da es bei der Anmeldung zur Abschlussprüfung, entsprechend ausgefüllt, vorzulegen ist.

Der Studierendenausweis bezeugt die Zugehörigkeit zu der jeweiligen Universität und den Status als Studierender. Er kann neben der üblicherweise kostenfreien Nutzung des jeweiligen ÖPNV-Netzes (als so genanntes »Semesterticket« in Verbindung mit dem Personalausweis) sich auch hinsichtlich der zahlreichen Preisermäßigungen (kulturelle Einrichtungen, Tagungen, Zeitungs- und Zeitschriften-Abonnements etc.) äußerst nützlich sein. Gleiches gilt übrigens ebenfalls für den Internationalen Studentenausweis (ISIC = International Student Identity Card), den man sich im Falle von Auslandsaufenthalten zusätzlich zulegen sollte.

3.2 Rückmeldung

Während des Studiums ist es erforderlich, sich immer wieder für ein weiteres Semester bei der Hochschule »rückzumelden«. Dies geschieht per Aufforderungsschreiben der Universität jeweils am Ende des laufenden Semesters. Die Fristen sowie das Rückmeldeverfahren selbst werden hochschulintern geregelt und sind unbedingt zu beachten. Meistens genügt es, entweder den Antrag auf Rückmeldung oder den beiliegenden persönlichen Überweisungsträger seiner Bank zur Entrichtung des studentischen Beitrages zurückzusenden. Versäumt man die Frist für die Rückmeldung, die mit der Entrichtung des Sozialbeitrages für das jeweilige nächste Semester einhergeht, hat man seinen Studienplatz für diese Zeit offiziell verloren!

Der vom Studierenden zu entrichtende studentische Beitrag kann von Universität zu Universität recht unterschiedlich ausfallen. Er setzt sich zusammen aus dem Studierendenbeitrag, dem Sozialbeitrag sowie einem Beitrag zum Semesterticket. Erstere werden für die Nutzung der sozialen Einrichtungen des Studentenwerks und des AStA erhoben, letzterer für die Benutzung öffentlicher Verkehrsmittel. Studiengebühren fallen darüber hinaus (noch!) nicht an.

3.3 Beurlaubung

In bestimmten Fällen kann man sich vom Studium beurlauben lassen, z. B. bei Krankheit, Schwangerschaft, Kindererziehung, Wehr- oder Zivildienst, längerfristigen Praktika oder Auslandsaufenthalten. Gerade aber auch hinsichtlich der Anzahl der Semester ist es möglich, sich für Prüfungsphasen beurlauben zu lassen. Die Studierendensekretariate geben Auskunft über die Details.

3.4 Exmatrikulation

Die Exmatrikulation bedeutet nichts anderes, als sich z. B. aufgrund eines Studienortwechsels oder nach erlangtem Hochschulabschluss von der jeweiligen Hochschule abzumelden. Hat man dagegen die Rückmeldesfrist für das kommende Semester versäumt, wird man zwangsläufig durch die Hochschule exmatrikuliert.

Bei einem gewünschten Studienortwechsel ist die Exmatrikulation von der bisherigen Hochschule die Voraussetzung für die Immatrikulation an der neuen Hochschule.

3.5 Weitere studienrelevante Begriffe und Informationen

Regelstudienzeit: Sie liegt meist nur um ein Semester höher als die Mindeststudiendauer, nach der man ein Studium abschließen darf. In der Geographie liegt die Regelstudienzeit im Diplom-, Magister- und Lehramtsstudiengang bei neun Semestern, die Mindeststudiendauer bei acht Semestern.

Eventuelle Regelungen bezüglich einer Studienhöchstdauer sind ggf. bei der jeweiligen Universität zu erfragen.

Förderungshöchstdauer: Dieses ist die maximale Semesterzahl, bis zu der man Anspruch auf eine Studienförderung (z. B. durch BAföG) hat. Sie orientiert sich an der Regelstudienzeit und sollte ebenfalls rechtzeitig erfragt werden.

4. Handwerkszeug und Hilfsmittel für das Studium

4.1 Bibliographieren

Das richtige Bibliographieren, d. h. das Recherchieren und korrekte Zusammenstellen der für ein Thema relevanten Literatur, ist ein wichtiger Bestandteil wissenschaftlichen Arbeitens. In den meisten Universitäts- und Fach(bereichs)bibliotheken kann man inzwischen per computergestützter Datenbank sowohl nach einem Autor als auch nach einem Schlagwort oder Themenfeld suchen. Jede schriftliche wissenschaftliche Arbeit (auch eine Seminararbeit!) beinhaltet am Ende eine Literaturliste (Bibliographie), in der alle verwendeten Werke (Monographien, Bände und Zeitschriftenaufsätze, aber auch Internet-Rechercheergebnisse) in alphabetischer Reihenfolge der Autoren aufgelistet werden müssen. Die Literaturliste gilt als Nachweis, anhand dessen der Leser nachvollziehen kann, woher welches Gedankengut stammt und welche Quellen der vorliegenden Arbeit zugrunde liegen.

In den Einführungskursen wird das richtige Erstellen einer Bibliographie geübt. Hinsichtlich der eigenen Literaturrecherche und dem Zusammenstellen für eine Hausarbeit sei angemerkt, dass man erfahrungsgemäß mit dieser Arbeit gar nicht frühzeitig genug beginnen kann! Es vergeht sehr viel Zeit mit der Suche geeigneter Schriften in der Bibliothek, wobei vielfach die gewünschten Werke bereits entliehen, verstellt, gestohlen oder am eigenen Universitätsstandort gar nicht vorhanden sind. Im letzteren Fall muss man sich der so genannten Fernleihe bedienen, d. h. es wird die entsprechende Arbeit aus einer anderen Universitätsbibliothek entliehen. Dies dauert allerdings nicht selten einige Wochen. Hinzu kommt in jüngerer Zeit die Möglichkeit, sich Literatur oder doch zumindest erste Informationen zu einem bestimmten Thema aus dem Internet zu beschaffen. Hier sei jedoch davor gewarnt, alle Angaben für seriös und inhaltlich fundiert zu halten! Mittlerweile werden allerdings auch immer mehr Fachzeitschriften in das »Netz der Netze« gestellt, so dass die gewünschte Literatur im »Online-Zugriff« bequem per Mausklick zu beschaffen ist.

4.2 Eine Seminararbeit erstellen

In den meisten Fällen erhält man einen Schein durch das Vortragen eines Referates und dessen schriftliche Ausarbeitung (Seminar- oder Hausarbeit). Seminararbeiten müssen als wissenschaftliche Arbeit nach allen »Regeln der Kunst« erstellt werden und sollen zeigen, dass man diese Technik möglichst fehlerfrei beherrscht. Sie sollen einen klar gegliederten, logischen Aufbau (Einleitung – Hauptteil – Schluss/Fazit) mit einer systematischen Gedankenführung erkennen lassen und neben der thematischen Bearbeitung formal über ein Inhaltsverzeichnis, ggf. Fußnoten (für den Literaturnachweis, den Quellennachweis von Zitaten oder eigenen Anmerkungen, die sich schlecht in den Fließtext integrieren lassen) und eine Bibliographie verfügen. Als Faustregel gilt meist ein Umfang von 15 bis 25 Schreibmaschinenseiten.

Großer Wert wird bei Hausarbeiten auf den Umgang mit fremden Ideen gelegt, d. h. auf die Aufbereitung der zugrunde gelegten Literatur. Dabei ist es unerlässlich, übernommene Gedanken und Formulierungen im Text als solche eindeutig zu kennzeichnen (vor allem auch bei der wörtlichen Übernahme als Zitate), um sich vor dem Verdacht des »Ideendiebstahls« zu schützen.

Ferner sind bei der Ausarbeitung von Seminararbeiten folgende Punkte zu beachten:

- Rechtzeitig die für das Thema relevante Literatur recherchieren, besorgen und durcharbeiten, um sich zunächst einen Überblick, dann die inhaltliche Tiefe zu verschaffen. Wichtige Stellen am besten gleich im Computer verarbeiten.

- In die Arbeit integrierte oder übernommene Passagen aus der verwendeten Literatur gleich im Text als solche kennzeichnen. Solche Textstellen im nachhinein zu suchen, kostet sehr viel Mühe und Zeit.

- Das Thema in der Einleitung kurz vorstellen, eine sinnvolle Eingrenzung (hinsichtlich Überschaubarkeit und Umfang) vornehmen und diese stichhaltig begründen.

- In der Einleitung sollte man von einem allgemein formulierten Thema zu einer genauen Fragestellung, auf die man eingehen möchte, gelangen. Überschreiben lässt sich das Eingangskapitel daher am besten mit »Problemstellung der Arbeit«, »Ziel der Arbeit«, »Fragestellung der Arbeit« oder »Untersuchungsgegenstand der Arbeit«.

- Formulierungen wie »ich denke« o. ä. vermeiden; objektiv und sachlich schreiben.
- Voraussetzungen oder Annahmen, von denen man in seiner Arbeit ausgeht, sowie Kriterien für die Bewertung müssen deutlich gemacht und offengelegt werden.
- Nicht einfach Behauptungen aufstellen, sondern diese durch hieb- und stichfeste Argumente untermauern. Tunlichst vermeiden sollte man apodiktische Aussagen, die sich u. U. sehr schnell und durch ein einziges Gegenbeispiel widerlegen lassen.
- Es ist nicht die Aufgabe einer Seminararbeit, alle Fragen zu einem Thema zu beantworten, sondern einen sinnvollen (auch persönlichen) Diskussionsbeitrag zum Thema zu liefern.
- Für eine wissenschaftliche Arbeit sollte die Beherrschung von Orthographie und Interpunktion selbstverständlich sein...

4.3 Referate erstellen – halten – diskutieren

In vielen Seminaren stellen Referate ein wichtiges Gestaltungsmittel dar. Dabei werden vom Dozenten festgelegte Themen eines bestimmten Themenbereiches durch die Studierenden als Hausarbeit schriftlich bearbeitet, als Referat mündlich vorgetragen und anschließend unter der Leitung des Dozenten in der Seminargruppe diskutiert.

Ein Referat sollte klar und logisch gegliedert sein. Das Thema muss so dargestellt werden, dass die anderen Seminarteilnehmer, die sich nicht oder nur oberflächlich mit dem Thema beschäftigt haben, verstehen, um was es sich im wesentlichen handelt. Für die Seminarsitzung, in der das Referat dann gehalten wird, empfiehlt es sich, ein so genanntes Thesen- oder Arbeitspapier vorzubereiten und an die Kommilitonen auszugeben. Dieses Thesenpapier enthält die Gliederung des Referates und kurze, stichpunktartige Ausführungen zu den einzelnen Gliederungspunkten. Vorteil solcher Papiere ist eine erleichterte Vortragssituation sowohl für den Referenten als auch für die Zuhörer, denen damit eine entsprechende Orientierungshilfe während des Vortrages und eine Grundlage für die anschließende Diskussion zur Verfügung steht.

In der Geographie bietet es sich bei vielen Themen an, Dias und/oder Kartenmaterial für die Präsentation zu verwenden. Da die meisten

Studierenden wohl (noch) nicht über das für jeden Winkel der Welt geeignete Bildmaterial verfügen dürften, wird in vielen Instituten eine mehr oder minder gut ausgestattete Diasammlung geführt (in Zeiten knapper Kassen erinnert sie aber in vielen Instituten eher an ein Antiquariat). Darüber hinaus sind auch die meisten der reisefreudigen Professoren bereit, aus ihrer privaten Bildersammlung entsprechende Exemplare für einen Vortrag zu verleihen.

Karten kann man sich entsprechend aus der institutseigenen Kartensammlung leihen oder auch hier den entsprechenden Dozenten um Unterstützung bitten.

Vor Beginn der Seminarstunde sollte man sich auf jeden Fall mit der Bedienung aller technischen Geräte (Overhead-Projektor, Dia-Projektor, neuerdings Beamer für Laptop-Präsentationen, ggf. Laser-Pointer etc.) und der Topographie der verwendeten Karten vertraut machen. Es ist nichts störender (auch für den Referenten), wenn durch solche »Pannen«, etwa das verzweifelte Suchen einer Örtlichkeit auf der Wandkarte, der rote Faden eines Vortrages verloren geht.

Hinsichtlich des Vortragsstils sind zwei Varianten zu empfehlen. Die erste ist der völlig freie Vortrag, der aber nur den wenigsten Studierenden bereits zu Beginn des Studiums gelingt. Hier ist der Redner imstande, ohne oder nur mit wenigen Stichworten, z. B. auf Karteikarten vermerkt, sein Thema zu präsentieren. Diese Form zeigt wohl am ehesten, dass der Referent sein Thema beherrscht und völlig »in der Materie steht«. Eine zweite Variante ist auch ohne größeres Lampenfieber recht schnell zu erlernen: Die »Nachrichtensprecher-Methode«, d. h. der Referent stellt sein Thema unter Zuhilfenahme von Notizen, zumeist als Stichworte auf Karteikarten, vor. Er spricht also frei, aber mit einem vorher angefertigten Vortragsgerüst als »Spickzettel«. Vermeiden sollte man tunlichst das reine »Herunterlesen« seiner Hausarbeit, denn es gibt nichts Ermüdenderes und Monotoneres für die Zuhörerschaft, als solchen Vorträgen folgen zu müssen. Generell gilt: Lieber ein kurzes, prägnantes und zur gemeinsamen Diskussion anregendes Referat, als ein langes mit abschweifenden Gedanken!

4.4 Arbeitsgruppen bilden

Die Bildung studentischer Arbeitsgruppen zur Vorbereitung von Klausuren und Prüfungen haben sich aus psychologischen und fachlichen Gründen sehr bewährt. Sinnvoll ist es, sich bereits in den Anfangssemestern mit Gleichgesinnten zusammenzuschließen. Zwei gute Gründe sprechen für Arbeitsgruppen: Erstens wissen viele Köpfe meistens mehr als einer und man kann den Lernstoff gemeinsam »zusammentragen«; zweitens kann man fachliche Probleme diskutieren und somit seine Kenntnisse, aber auch kommunikativen Fähigkeiten in einem Team und sein konstruktives Kritikvermögen erweitern. Einige Dozenten sind davon überzeugt, dass Studierende, die in Lern- und Arbeitsgruppen integriert waren, Prüfungen durchschnittlich erfolgreicher ablegen.

4.5 Lernen für Klausuren

Bei bevorstehenden Klausuren ist es sinnvoll, mit dem jeweiligen Dozenten über die optimale Vorbereitung zu sprechen. Oftmals wird lediglich der Stoff der jeweiligen Lehrveranstaltung abgefragt, vielfach geht es aber auch um eine konkrete Anwendung des Gelernten.

Auch hier kann die Zusammenarbeit mit Kommilitonen zur Klausurvorbereitung sehr hilfreich sein.

5. Orientierungshilfen, Kontaktmöglichkeiten, Studentengruppen

5.1 Allgemeine Studienberatung

Die allgemeine Studienberatung informiert fachübergreifend zur Studien- und Berufswahl, über die Hochschule selbst und zu Fragen der eigenen Studiensituation. Persönliche Einzelberatung wird ebenso angeboten wie Gruppenberatung. Hinzu kommen Einführungsveranstaltungen, Veranstaltungen für Studienanfänger zu Studien-, Lern- und Arbeitstechniken, Merkblätter etc. Man sollte sich keinesfalls scheuen, diesen kostenlosen Service bei allen Fragen und Problemen in Anspruch zu nehmen.

5.2 Fachstudienberatung

Die Fachstudienberatung hilft bei allen Fragen im Zusammenhang mit den gewählten Fächern. Hier erhält man Auskünfte zu Aufbau und Organisation des Fachstudiums, zu den angebotenen Lehrveranstaltungen, den Prüfungsanforderungen etc. Die Fachstudienberatung wird an den Instituten von einem oder mehreren Dozenten durchgeführt. Aber auch die Fachschaften helfen gerne mit Rat und Tat. Es gilt also wieder: Wer nicht fragt, bleibt dumm!

5.3 Orientierungsveranstaltungen

An den meisten Hochschulen werden in den einzelnen Fachbereichen Orientierungsveranstaltungen für Studienanfänger angeboten. Organisiert werden diese vielfach von den Fachschaften und/oder den Dozenten. In der Regel finden solche Veranstaltungen bereits vor Semesterbeginn statt, weshalb man sich rechtzeitig im Institut nach den Terminen erkundigen sollte. Die Teilnahme ist keine Pflicht, aber jedem Studierenden nur zu empfehlen, da man dort nicht nur Informationen erhält, die für das eigene Studium relevant sind, sondern auch die ersten Kontaktmöglichkeiten zu den Kommilitonen entstehen können. Die Orientierungsveranstaltungen verfolgen das Ziel, den Studienanfängern den Studienstart zu erleichtern sowie hinsichtlich folgender Aspekte Aufklärung zu leisten:

- Stundenplan
- Studienablauf
- Fachinhalte
- Unialltag
- Struktur und Eigenarten des akademischen Unterrichts
- Örtlichkeiten wie Hörsäle, Seminarräume, Dozentenzimmer etc.
- Bibliotheksbenutzung, meist mittels einer Führung

Eine etwas andere Orientierungsveranstaltung richtet sich bereits an Oberstufen-Schüler und wird mittlerweile von einigen Universitäten regelmäßig in jedem Jahr angeboten: Der »Tag der offenen Tür«. Hier stellen sich die meisten Fächer in Form von Vorlesungen, Studienberatungen und Institutsführungen vor und ermöglichen den Abiturienten bereits eine erste »Schnupper«-Möglichkeit in das Studium und den Unialltag.

5.4 Fachschaft

In jedem Fachbereich gibt es eine Fachschaft. Sie setzt sich aus gewählten, (meist) engagierten Studierenden zusammen, die sich für die studentischen Interessen und Belange im jeweiligen Fachbereich einsetzen und u. a. versuchen, eine studentische Mitbestimmung an der Universität wahrzunehmen, zu verteidigen oder oftmals überhaupt erst einmal durchzusetzen. Die Fachschaften stehen jedem Studierenden des Fachbereichs, aber auch allen anderen Interessierten offen. Ferner sind natürlich auch nicht gewählte Mitarbeiter immer herzlich willkommen. Die Aktivitäten haben zum Ziel, durch hochschulpolitische Arbeit die Studienbedingungen im jeweiligen Fach zu verbessern und den Studierenden in allen Fragen des Studiums zur Seite zu stehen. Ab und an besteht aber auch das Ziel aller Bemühungen einfach nur darin, eine Party zu organisieren.

Achtung: Die Öffnungszeiten des Fachschaftsraumes unterliegen oft sehr großen Schwankungen...

5.5 Hochschulpolitische Gruppen

Für Studierende, die an politischer Arbeit interessiert sind und sich auch aktiv für die Belange der Studierendenschaft einsetzen wollen, sind die hochschulpolitischen Gruppen interessant. Sie bieten im allgemeinen viele Möglichkeiten zur aktiven Mitarbeit und zeichnen sich durch eine mehr oder weniger große Parteinähe aus. Hochschulpolitische Gruppen treten bei den Wahlen der Studierendenvertreter im Studierendenparlament, Senat und Fachbereichsräten an. Hier die wichtigsten Zusammenschlüsse:

Die »Juso-Hochschulgruppe« ist der »Ableger« der Jungsozialisten an den Universitäten und als solcher ein Arbeitskreis innerhalb der Jugendorganisation der SPD.

Der »Ring Christlich Demokratischer Studenten« (RCDS) gehört in die Nähe der CDU/CSU. Nach eigenen Angaben ist er mit über 7.000 Mitgliedern der größte politische Studentenverband der Republik, vertreten an etwa 80 Universitäten und Fachhochschulen.

Hinter der Abkürzung LHG verbirgt sich der »Bundesverband der Liberalen Hochschulgruppen«, ein bundesweiter Dachverband von Gruppen an über 70 Hochschulen, der sich zwar den »liberalen Wertvorstellungen« verpflichtet fühlt, aber auf sein Label als unabhängiger Verband besteht...

Das »Bündnis grün-alternativer Hochschulgruppen« ist ein neuer Zusammenschluss von grünen und grün-nahen Hochschulgruppen, der erst im Juni 1999 entstanden ist.

5.6 AStA (Allgemeiner Studierendenausschuss)

Der AStA ist ein Selbstverwaltungsorgan studentischer Interessen, welches die gesamte Studierendenschaft hochschulintern und -extern vertritt. Der AStA bestimmt die Hochschulpolitik aktiv mit, oftmals auch gegen den Widerstand von Hochschulleitung und Ministerium. Ebenso organisiert der AStA die Serviceangebote für die Studierenden. Er setzt sich in der Regel aus mehreren Referaten zusammen (z. B. Umwelt, Ausländer, Soziales, Frauen, Schwule und Lesben etc.), in denen man aktiv mitarbeiten, sich aber ansonsten auch mit allen Frage und Problemen hinwenden kann.

5.7 Studierendensekretariat

Schnittstelle zwischen Studierenden und Hochschulverwaltung ist das Studierendensekretariat, das Dezernat oder Sachgebiet für Studentische Angelegenheiten. Die Bezeichnungen können von Standort zu Standort variieren. Bürokratische Probleme von A wie Anmeldung bis Z wie Zulassung werden hier bewältigt. Zum Ende eines jeden Semesters muss man sich auch hier »rückmelden«, um sein Studium im nächsten Semester fortsetzen zu können.

5.8 Studentenwerk

Dem Studentenwerksgesetz der Bundesländer folgend, obliegt dem Studentenwerk einer Hochschule die wirtschaftliche, soziale, kulturelle sowie gesundheitliche Förderung und Betreuung der Studierenden. Die 64 in Deutschland arbeitenden Studentenwerke sind somit Träger zahlreicher Einrichtungen an den Hochschulen. Die Aufgaben reichen von Ausbildungsförderung, Cafeterien/Mensen über Wohnheimverwaltung, Kinderbetreuung im Rahmen von Kindertagesstätten, Krankenversicherung für ausländische Studierende, private Haftpflichtversicherung, private und gesetzliche Unfallversicherung, deutsch-französischer Sozialausweis sowie Studierendenaustausch bis hin zur Sozialberatung.

In den Verwaltungsgremien sind Studierende der Hochschule im Zuständigkeitsbereich vertreten und haben hiermit die Möglichkeit, unmittelbar und in Kooperation mit der Geschäftsführung die Weiterentwicklung der Sozialeinrichtungen und -programme im Interesse der Studierenden zu realisieren. Die Studentenwerke sind Dienstleistungsunternehmen, die sich aus selbsterwirtschafteten Erträgen, Zuschüssen der Länder und studentischen Beiträgen finanzieren.

5.9 Andere studentische Einrichtungen

5.9.1 Studentische Hochschulgemeinden

Die studentischen Hochschulgemeinden befinden sich in kirchlicher Trägerschaft. Es gibt in der Regel an jeder Hochschule eine Katholische Hochschulgemeinde (KHG) und eine Evangelische Studentengemeinde (ESG). Beide Formen verbinden mit ihrem kirchlichen Auftrag auch kulturelle und gesellschaftliche Aufgaben. Häufig bieten sie ein umfassendes Veranstaltungsprogramm und vermitteln auch Plätze in den eigenen Studentenwohnheimen. Beide Gemeinden verfügen meist über einen eigenen Geistlichen und weiteres seelsorgerisches Personal, so dass Beratungen für ausländische und deutsche Studierende angeboten werden können. Sowohl die katholischen wie auch die evangelischen Hochschulgemeinden sind offen für Mitglieder aller christlichen Gemeinschaften und verstehen sich durchaus als Ökumenen.

5.9.2 Hochschulsport

An den meisten Hochschulen gibt es Einrichtungen für den Hochschulsport. Hier hat man die Möglichkeit, als Studierender gegen sehr geringe Beiträge ein breites und vielseitiges Sportprogramm zu nutzen. Ob Segeln oder Aerobic, Leichtathletik oder Handball, wer neben der geistigen auch etwas für seine körperliche Fitness tun möchte, findet hier bestimmt etwas geeignetes.

Natürlich sind damit noch längst nicht alle Möglichkeiten des »Leute-Kennenlernens« und des »Aktiv-Seins« aufgezählt. Im allgemeinen kann man beim AStA weitere Informationen oder entsprechende Broschüren erhalten, die alle wichtigen Stellen, Adressen, Initiativen und Einrichtungen aufführen.

6. Hilfestellungen für die Studienzeit

6.1 Wie kann ich das Studium finanzieren?

Bereits zu Beginn des Studiums sollte sich jeder Studierende hinreichend Gedanken zur Finanzierung seines sich ja über Jahre erstreckenden Studiums machen. Vielleicht finanzieren die Eltern noch einen Großteil und gewähren Zuschüsse zur Miete, Kleidung, Bücher etc., oder man hat sich vorgenommen, sein eigenes Geld über Nebenjobs zu erwirtschaften. Ferner ist es zu empfehlen, sich über Stipendienprogramme zu informieren, denn auch hier können sich unter Umständen interessante, wenngleich auch oft zeitlich begrenzte Finanzierungsmöglichkeiten eröffnen.

Egal wie die persönliche Situation aussieht, man sollte die Kosten, die auf einen während des Studiums zurollen, nicht unterschätzen und nach einer möglichst stabilen und langfristigen finanziellen Absicherung suchen.

6.1.1 Private und öffentliche Stipendien

In Deutschland gibt es einige regionale und überregionale private Begabtenförderungswerke und Stiftungen, bei denen man sich um ein Stipendium bewerben kann. Im Gegensatz zur staatlichen Finanzförderung (BAföG) müssen die Bewerber jedoch bestimmte persönliche Eignungen (wie z. B. überdurchschnittliche Begabungen) aufweisen. Andere Programme (z. B. mit parteipolitischer Nähe oder in kirchlicher Trägerschaft) fördern nur solche Studierenden, die durch persönliches Engagement eine bestimmte »Haltung« erkennen lassen.

Welche Förderungsmöglichkeiten es gibt und welche Voraussetzungen dafür erforderlich sind, ist i.d.R. beim Studentenwerk und dem AStA sowie bei der Studienberatung zu erfahren. Die erforderlichen Informationen und Formulare erhält man dann bei der jeweiligen Einrichtung. Die wichtigsten Anlaufstellen:

Hans-Böckler-Stiftung
Studien- u. Mitbestimmungsförderung des Deutschen Gewerkschaftsbundes
Bertha-von-Suttner-Platz 3
40227 Düsseldorf
Tel.: 0211/77780

B. 6. Hilfestellungen für die Studienzeit

Die Stiftung fördert vorzugsweise Studierende aus Arbeitnehmerfamilien, vor allem wenn sie selbst gewerkschaftlich und politisch aktiv sind.

Friedrich-Ebert-Stiftung
Godesberger Allee 149
53175 Bonn
Tel.: 0228/883-534

Unterstützt werden grundsätzlich Studierende aller Fachrichtungen mit überdurchschnittlicher Qualifikation. Es werden außerdem »charakterliche Reife« und »aktives Engagement für die Prinzipien des freiheitlichen, demokratischen und sozialen Rechtsstaats« erwartet.

Studienstiftung des Deutschen Volkes
Mirbachstraße 7
53173 Bonn
Tel.: 0228/820960

Diese Stiftung ist das größte deutsche Begabtenförderungswerk. Hier werden eine hohe wissenschaftliche und künstlerische Begabung erwartet, wobei insbesondere die »Hochbegabung« sorgfältig überprüft wird. Die Aufnahme in die Studienstiftung erfolgt nur auf Empfehlung.

Deutscher Akademischer Austauschdienst (DAAD)
Kennedyallee 50
53175 Bonn
Tel.: 0228/8821

Der DAAD vergibt Stipendien an Deutsche für Studienaufenthalte im Ausland. Bewerbungen sind frühestens im dritten Fachsemester möglich bzw. nach der Zwischenprüfung/dem Vordiplom. Gute Kenntnisse in der Sprache des Gastlandes werden erwartet.

Cusanuswerk e.V.
Bischöfliche Studienförderung
Baumschulallee 5
53115 Bonn
Tel.: 0228/6314-07/-06

Hier können deutsche katholische Studierende mit überdurchschnittlicher Begabung aus allen Fachrichtungen eine Ausbildungsförderung erhalten. Erwartet wird eine aktive Mitarbeit an der Bildungsarbeit des Cusanuswerkes.

Friedrich-Naumann-Stiftung
Abt. Begabtenförderung

Tausbenstraße 48/49
10117 Berlin
Tel.: 030/22310

Diese Stiftung zeichnet sich durch ihre Parteinähe (FDP) aus.

Konrad-Adenauer-Stiftung
Rathaus-Allee 12
53757 St. Augustin
Tel.: 02241/246-0

Gefördert werden hochbegabte und politisch engagierte Studierende aller Fachrichtungen. Auf die »Pflege des fachlichen und politischen Gedankenaustausches im Kreise der Stipendiaten« wird ein besonderer Wert gelegt.

Evangelisches Studienwerk e.V.
Haus Villigst
Iserlohner Straße 25
58239 Schwerte
Tel.: 02304/755213

Zweck des Vereins ist die Sammlung und Förderung evangelischer Studierender aller Fachrichtungen, ihre Fortbildung und Beratung über das Studium hinaus.

Carl Duisberg Gesellschaft e.V.
Hohenstaufenring 30-32#
50674 Köln
Tel.: 0221/2098-0

Die Gesellschaft plant und organisiert Aus- und Fortbildungsaufenthalte für Deutsche im Ausland. Ihr umfangreiches Förderungsangebot richtet sich vornehmlich an qualifizierte Naturwissenschaftler und Studierende der Ingenieur-Studiengänge.

Fulbright Kommission
Theaterplatz 1A
53117 Bonn
Tel.: 0228/361021

Sie ist die entscheidende Kommission für den Austausch von Studierenden und Dozenten zwischen der Bundesrepublik und den USA.

6.1.2 Staatliches Stipendium: BAföG (Bundesausbildungsförderungsgesetz)

Das Bundesausbildungsförderungsgesetz sieht eine staatliche Förderung von Studierenden vor, die in finanzieller Hinsicht eine »Bedürftigkeit« nachweisen (hierbei werden auch die Einkommensverhältnisse der Eltern berücksichtigt) und die Ausbidung nicht aus anderen Quellen finanzieren können. Dabei handelt es sich um ein »leistungsunabhängiges« Stipendium (wenngleich bestimmte Studienleistungen in einem Maximalzeitraum erbracht werden müssen, z. B. Zwischenprüfung/Vordiplom bis zum Ende des vierten Semesters, Förderungshöchstdauer – je nach Studiengang – bis zum Ende des siebten bis neunten Semesters), das zur Hälfte als Zuschuss und unverzinsliches als Darlehen bewilligt wird. Die BAföG-Anträge sind bei der jeweiligen BAföG-Stelle erhältlich. Hier stehen i.d.R. auch kompetente Ansprechpartner für alle Informationen und Fragen zur Verfügung.

6.1.3 Selbst Geld hinzuverdienen

Ein großer Teil der Studierenden ist darauf angewiesen, während des Studiums einem Nebenjob nachzugehen, um sich finanziell »über Wasser zu halten«. Ein anderer Teil jobbt zweifellos aber auch, um außerhalb des Unialltags bereits erste Erfahrungen in der Arbeitswelt zu sammeln – dies im Idealfall in einem dem Studienfach nahestehenden Berufsfeld. Hier kann man das erste Know-how in Sachen Berufspraxis erwerben, welches später einmal sehr positiv in der Bewerbungsmappe auffallen könnte. Sofern ein studienbezogenes Jobben möglich ist, sollte man durchaus dabei auch die etwaigen Chancen für einen späteren reibungslosen Berufseinstieg im Auge behalten. Nicht selten ergibt sich aufgrund einer langjährigen Verbindung zu einem Arbeitgeber nach dem Studienabschluss aus dem Nebenjob eine Übernahme in ein festes Arbeitsverhältnis. Aber auch die Fertigkeiten, die man sich über diese Arbeit und die damit verbundenen Anforderungen eventuell aneignen konnte, sollten in ihrer Bedeutung für eine berufliche Qualifizierung nicht unterschätzt werden.

Wer auf (Neben-)Jobsuche ist, kann viele Wege einschlagen, um an sein Ziel zu gelangen. Zunächst stehen einem die zahllosen und während des Semesters meist auch reichlich »gepflasterten« schwarzen Bretter in der Universität mit ihrem Angebot an Teilzeitstellen zur Verfügung. Die örtlichen Arbeitsämter bieten neben Stellenanzeigen in der lokalen Tagespresse und Online-Diensten im Internet meist ebenfalls einen persönlichen Service direkt in der jeweiligen Hochschule an.

An den Instituten besteht darüber hinaus für am Fach besonders interessierte Studierende die Möglichkeit, als studentische Hilfskraft zu arbeiten. Gegen einen vergleichsweise leider oft nur geringen Lohn ist man hier i.d.R. einem Dozenten zugewiesen, dem ein bestimmtes Stundendeputat für Hilfskräfte von der Hochschule zur Verfügung gestellt wird. Die Aufgaben, die einem »Hiwi« (»Hilfswilligen«) obliegen, können sehr unterschiedlich sein und hängen stark vom jeweiligen »Arbeitgeber«, sprich Dozenten ab. Sie können sich vom Kopieren und ermüdenden Digitalisieren von Karten über das Erstellen einer Homepage im Internet, Laborarbeiten, Literaturrecherche, kartographische Aufbereitungen bis hin zur aktiven Mitarbeit in einem laufenden Forschungsprojekt erstrecken.

Ein Nebenjob am Institut kann gerade deshalb interessant sein, weil man viel vom Ablauf »hinter den Kulissen« mitbekommt. Neben dem persönlicheren Kontakt zur Dozentenschaft, einem eigenen Arbeitsplatz im Institut, Schlüsseln zu wichtigen Räumen (z. B. der Fachbibliothek) und ähnlichen »Privilegien« erfährt man viel über die Organisation einer Hochschule, der Institute und die »Interna« des Dozentenjobs. Für denjenigen, der sich beruflich eine Universitätskarriere vorstellen kann, ist der Hiwi-Job oft der erste Schritt ins Wissenschaftlerleben. Ebenfalls ergeben sich oft Arbeitsmöglichkeiten in den Bibliotheken.

6.2 Was die Chancen auf dem Arbeitsmarkt verbessern kann

Der Arbeitsmarkt sieht für Akademiker fast aller Fachrichtungen bekanntermaßen wenig rosig aus. Dies gilt auch für die Geographen, deren Studium nicht für ein fest umrissenes Berufsfeld qualifiziert. Es ist daher besonders wichtig, sich darüber im Klaren zu sein, dass das zentrale Ziel eines Universitätsstudiums die Vermittlung einer wissenschaftlichen *Vor*bildung ist. Dies bedeutet, dass hier nur in den wenigsten Fällen eine Ausrichtung auf ein *eindeutiges* Berufsprofil erfolgt. Vielmehr ist es die Aufgabe der Universität, ihren Studierenden ein breites Spektrum von Kenntnissen und Fertigkeiten zu vermitteln, das sie für eine Vielzahl von beruflichen Tätigkeiten qualifiziert. In einem Universitätsstudium liegen also spätere berufliche Freiheiten, Chancen und ebenso die Risiken dicht beieinander.

B. 6. Hilfestellungen für die Studienzeit

Ein deutlicher Unterschied besteht zu einer *Aus*bildung auf Hochschulniveau, wie sie von den Fachhochschulen geleistet wird. Kürzere Studienzeiten, mehr Praxisorientierung und eine »verschultere« Studienplanung bereiten auf die konkrete Berufssituation vor. Ein Geographiestudium an einer Fachhochschule ist in der BRD allerdings (noch) nicht möglich.

Angesichts der oben genannten Verhältnisse ist es um so bedeutsamer, eine einfache Richtlinie in seinem Studium zu beherzigen:

Solides Studium + Spezialisierung + Zusatzqualifikationen = Arbeitsmarkterfordernisse

Dabei muss es sich bei den Zusatzqualifikationen nicht um »lästige Erschwernisse« handeln, vielmehr sollte man solche Aktivitäten als Abwechslung vom Unialltag und Chancen zur Erweiterung des eigenen Horizontes sowie des Bekanntenkreises (Kontakte, die sich langsam zu einem »Netzwerke« aufbauen) verbuchen. Absolvierte Praktika und berufsnahe Zusatzqualifikationen sagen oft mehr über einen späteren Bewerber aus als rein theoretisches Fachwissen. Entscheidend sind heute Flexibilität, Mobilität und Kontaktfreudigkeit, die in vielen Fällen sogar die gute Examensnote, welche noch immer als die vermeintliche »Eintrittskarte« in eine erfolgreiche und gesicherte berufliche Zukunft angesehen wird, ersetzen.

Um sich bereits während des Studiums optimal auf »die Zeit danach« vorbereiten zu können, sollen hier weitere hilfreiche Fähigkeiten und Kenntnisse genannt werden, um deren Erwerb man sich früh bemühen sollte.

Zu den Grundanforderungen des Arbeitsmarktes gehören Kenntnisse in zwei Fremdsprachen (meist Englisch fließend sowie eine weitere »nützliche« Sprache, etwa Französisch oder Spanisch in Grundzügen) und solide Grundlagen im Bereich von Datenverarbeitungssystemen (d. h. Datenbanken, Text- und Bildverarbeitungsprogramme, Tabellenkalkulationsprogramme, Präsentationsprogramme, Statistikprogramme etc). Hinzu kommen Anforderungen an einen qualifizierten Umgang mit fachspezifischer Software, wie z. B. im Bereich Geographische Informationssysteme (GIS), CAD und Computerkartographie. Nicht zuletzt sollte man sich tunlichst mit der Welt des Internet/World Wide Web auseinandersetzen, denn dieses ist nicht nur in aller Munde, sondern bringt als Informationsquelle, Diskussionsforum und E-Mail-System wirkliche Vorteile für das Studentenleben mit sich.

Generell sollte man frühzeitig eventuell bestehende Ressentiments gegenüber der Arbeit mit einem Computer abbauen und wenigstens in Ansätzen mit allen wichtigen Programmen einmal gearbeitet haben.

Wichtige Kenntnisse sollten in den Bereichen Recht und Betriebswirtschaft erworben werden. Juristisches Basiswissen ist in den meisten Lebens- und Arbeitssituationen mittlerweile unerlässlich, da es kaum noch »ungeregelte« Bereiche gibt. Auch das Wissen um formale Abläufe im Arbeitsalltag erfordert diese Grundlagen. Ferner sollte man sich mit den Grundzügen der Betriebswirtschaft und angrenzender Gebiete vertraut machen. Kostenrechnung, Buchhaltung, Controlling oder Marketing dürfen insbesondere für die Existenzgründer unter den Geographen keine »böhmischen Dörfer« sein.

Nicht zuletzt ist es ratsam, sich während des Studiums mit den an den eigenen Studienschwerpunkt angrenzenden Nachbardisziplinen anzufreunden und hier seine Kenntnisse zu vertiefen bzw. seinen Horizont zu erweitern.

Im Zuge von Referatsvorträgen sollte man bereits in den ersten Semestern damit beginnen, sein Auftreten und rhetorisches Geschick zu überprüfen und gegebenenfalls zu schulen. Oberste Maxime hierbei ist eine zielgruppenorientierte Präsentation, d. h. man versucht, sich auf sein Gegenüber und die entsprechende Situation einzustellen. Dabei will sowohl der »akademische Jargon« wie auch die klare und für jedermann verständliche Sprache beherrscht werden. Ferner gilt bei mündlichen Äußerungen: »Rede keine Schreibe«, bei schriftlichen Werken: »Vermeide alles Umgangssprachliche«. Förderliche Kurse (Rhetorik, Kommunikationstechniken, Präsentation etc.) kann man bei entsprechenden Weiterbildungsträgern, z. B. den Volkshochschulen, belegen.

Ferner: Sprachliche Flexibilität und eine überzeugende Allgemeinbildung lassen sich durch die regelmäßige Lektüre einer oder mehrerer guter Tages- und/oder Wochenzeitungen erzielen. Die meisten Zeitungen und Zeitschriften können von Studierenden zu ermäßigtem Preis im Abonnement gelesen werden. Bestellkarten dazu liegen in allen Hochschulen aus.

Oft geistern Qualifikationsanforderungen wie Teamfähigkeit, Kreativität, Konfliktlösungskompetenz, Realitätssinn, Verhandlungsgeschick, Organisationsgeschick, strategisches Denken, kooperativer Arbeitsstil, Argumentations- und Überzeugungsfähigkeit, Führungsqualitäten, Beharrlichkeit und Durchsetzungsvermögen, Frusttoleranz sowie Kenntnisse zu Moderationstechniken, Projektmanagement, Zeitmanagement, Umgang mit Medien, Öffentlichkeitsarbeit u. ä. durch die Stellenanzeigen entsprechender Blätter. Die meisten dieser Qualitäten lassen sich nur über Jahre hinweg und mit viel Übung (»Training on the job«) und Selbstkontrolle erwerben. Sie stellen z. T. persönliche Kompetenzen dar, um die man sich ein Leben lang bemühen sollte.

Häufig unbeachtet von vielen Studierenden bleibt der Besuch von Fachtagungen. Gerade hier lässt sich aber viel über die »Szene« erfahren und möglicherweise nützliche Kontakte knüpfen. Man erhält ferner einen Überblick über die derzeit geführten Fachdiskussionen und lernt nicht zuletzt auch einmal einen Teil der Menschen kennen, mit deren Lehrbüchern man sich im Studium vielleicht des öfteren herumschlagen musste. Schöner Nebeneffekt: Man kommt ein bisschen herum.

Nicht zuletzt kann auch ein gezieltes Engagement in Studierendenvertretungen, Berufsverbänden, Organisationen, Arbeitsgruppen innerhalb und außerhalb der Universität etc. dazu beitragen, seinen Lebenslauf interessant und vielseitig zu gestalten. Man signalisiert nicht nur persönlichen (zumeist ja ehrenamtlichen) Einsatz, sondern kann auch hier bereits wichtige Kontakte knüpfen und praktische Fähigkeiten durch eine aktive Mitarbeit in Projekten erwerben.

6.2.1 Das berufskundliche Praktikum

Um dem nicht unberechtigten Vorwurf gegen die Hochschulen, zuviel Theorie und zu wenig praxisrelevantes Wissen zu vermitteln, als Studierender im eigenen Interesse, d. h. im Sinne der Verbesserung der persönlichen Arbeitsmarktchancen begegnen zu können, ist es sehr wichtig, studienbegleitend (etwa in der vorlesungsfreien Zeit oder während eines dafür beantragten Urlaubssemesters) zwei oder drei berufskundliche Praktika zu absolvieren. Diese können folgende Vorteile mit sich bringen:

Man hat die Möglichkeit, in die Arbeitswelt »hineinzuschnuppern« und erste Erfahrungen mit den »Spielregeln« zu machen. Diese äußern sich in scheinbar so banalen Dingen wie frühes Aufstehen, pünktlicher Arbeitsbeginn, geregelter Arbeitsrhythmus, einem Leistungspensum, das man in einer bestimmten Zeit zu erfüllen hat, einem (zumeist hierarchisch aufgebauten) Kollegenkreis, den man nicht lieben, aber mit dem man sich arrangieren muss und ähnlichen angenehmen und unangenehmen »Begleitumständen«.

Praktika bewahren meist vor einem in vielen Fällen fast vorprogrammierten »Praxisschock«, da bereits während des Studiums erkannt werden kann, dass am Arbeitsplatz oft ganz andere Fähigkeiten erwartet werden als solche, die das Studium an der Hochschule vermittelt.

Praktika unterstützen u. U. eine bewusste, auf den späteren Berufswunsch ausgerichtete Schwerpunktlegung im Hauptstudium oder ermöglichen dann ggf. eine Korrektur des bisherigen Studienverlaufs.

Über die Kontakte, die ein Praktikum vermittelt, kann sich mit Glück nach Studienabschluss eine feste Arbeitsstelle ergeben. Es lohnt sich also durchaus, sich mittels guter Leistungen bereits »ins rechte Licht zu rücken«. Ein Praktikum signalisiert ferner dem Arbeitgeber das eigene Interesse am künftigen Beruf und ggf. auch an dem jeweiligen Betrieb. Kommt es auf diese Weise zu einem Arbeitsvertragsangebot, können beide Seiten nur profitieren: Der Absolvent kennt den Betrieb, der Arbeitgeber kauft mit seinem ehemaligen Praktikanten nicht mehr »die Katze im Sack«.

Ein Praktikum ist nur dann sinnvoll, wenn es auf beiden Seiten sorgsam vorbereitet wird. Eine gute Betreuung von Seiten der Praktikumsstelle ist außerordentlich wichtig und gewährt erst die volle Ausschöpfung aller Möglichkeiten. Stellt sich heraus, dass der Praktikant lediglich für Kopiertätigkeiten, Kaffeekochen oder Botengänge missbraucht wird, sollte er sich umgehend an seinen Betreuer wenden und ggf. die Praktikumsstelle wechseln.

Gleichzeitig obliegt es dem Praktikanten, sich vor Beginn der Tätigkeit über den Praktikumsplatz so genau wie möglich zu informieren, sich über seine Interessen und Zielsetzungen klar zu werden und diese auch dem Betreuer mitzuteilen. Hieraus sollte sich ferner ein allgemeines Interesse an potentiellen späteren Arbeitgebern ableiten. Verbesserte Kenntnisse über den Markt und seine Anforderungen ermöglichen eine gezieltere Vorbereitung bereits während des Studiums.

Hinsichtlich der Dauer des Praktikums sollte man mindestens zwei Monate, idealerweise drei Monate einkalkulieren, um auch mit anspruchsvolleren Aufgaben betraut oder z. B. in eine laufende Projektarbeit einbezogen zu werden. Bei einem Pflichtpraktikum regelt die Studienordnung die Dauer und den Zeitpunkt.

B. 6. Hilfestellungen für die Studienzeit

Sinnvoll wird ein Praktikum erst im Hauptstudium, da hier bereits Grundlagenwissen vorhanden ist und die berufliche Orientierung jetzt zunehmend über eine inhaltliche Schwerpunktlegung eingeleitet wird. Nach Abschluss des Praktikums sollte man sich unbedingt ein qualifiziertes Zeugnis über seine Tätigkeit ausstellen lassen.

Die Suche nach einer geeigneten Stelle erfordert Eigeninitiative und Ideenreichtum. Hier einige Starthilfen:

Zunächst sollte man sich einmal ganz ungezwungen Gedanken darüber machen, welche Ansprüche man an seine spätere berufliche Tätigkeit stellt und in welchen Bereichen »brennendes Interesse« besteht. Hier kann dann die Suche nach einem geeigneten Praktikumsplatz beginnen. Der Gang zum Dozenten kann u. U. ein erster Schritt zu geeignetem Adressenmaterial sein – vorausgesetzt, dieser verfügt über entsprechende Kontakte zur Praxis. Die Praxisferne und die haarsträubende Unkenntnis vieler Universitätsdozenten über die Situation »jenseits der Hochschulmauern« disqualifiziert diese Gruppe aber leider allzu häufig für die so wichtige Beratungs- und Betreuungsarbeit aktiver und interessierter Studierender.

Das schwarze Brett kann eine gute Kontaktbörse sein, wo sich auch kleine, aber feine Unternehmen vorstellen.

Vereinzelt gibt es innerhalb der Universitäten Anlaufstellen, die eine Praktikumsbörse betreiben. Dies können einzelne aktive und kompetente Dozenten oder auch Referatsstellen sein.

Beachtet werden sollten auf jeden Fall die Beratungsmöglichkeiten und Angebote der Arbeitsämter, Studierendeninitiativen, Börsen im Internet (z. B. *http://www.unicum.de*), Börsen in regionalen und überregionalen Tageszeitungen, Studentenzeitschriften, Angebote bei den Fachschaften und Studienberatungen sowie persönliche Verbindungen über Eltern, Kommilitonen, Freunde, Verwandte etc. Manchmal hilft auch ein Blick in die »Gelben Seiten«.

Ferner können »blinde Bewerbungen« zum gewünschten Erfolg führen, wenn man sich für ein bestimmtes Tätigkeitsgebiet interessiert.

Es ist unerlässlich, sich bei der Suche nach einer geeigneten Praktikumsstelle so zu verhalten, wie bei einer Bewerbung für einen festen Arbeitsplatz. Dies gilt sowohl für das rechtzeitige Bewerben wie auch für die einzureichenden Unterlagen und ein eventuelles Vorstellungsgespräch.

Alle oben genannten Aspekte gelten weitgehend auch für ein Praktikum im Ausland. Hier kommen ferner natürlich ausreichende Sprachkenntnisse als Grundvoraussetzung hinzu, weiterhin eine Begeisterung für das Gastland, elementare Kenntnisse des Bildungssystems und des nationalen Arbeitsmarktes, Flexibilität, oft genug Improvisationsvermögen sowie Risikobereitschaft und den »Willen zum Durchhalten«. Informationen und Angebote zu Aufenthalten im Ausland liefern das Akademische Auslandsamt an der Hochschule sowie zahlreiche Stiftungen.

6.2.2 Das Auslandstudium

Neben einem Praktikum im Ausland ist auch ein Studium an einer ausländischen Universität sehr empfehlenswert. Insbesondere für Geographiestudenten ergeben sich hier wichtige neue Eindrücke und landeskundliche Erfahrungen. Hinzu kommen erheblich verbesserte Sprachkenntnisse und Lebenserfahrungen, die oft erst später sowohl im Beruf als auch im Privaten ihre Früchte tragen.

Auch auf dem Gebiet der Auslandsstudien führen »mehrere Wege nach Rom«. Unter den jeweils anzusprechenden Organisationen, die solche Möglichkeiten vermitteln und unterstützen, ist der DAAD (Deutscher Akademischer Austauschdienst) herauszuheben, eine Vereinigung der Hochschulen und Studierendenschaften in der BRD. Seine Aufgabe besteht in der Förderung der internationalen Beziehungen im Hochschulbereich, insbesondere durch den Austausch von Studierenden und Wissenschaftlern.

Deutscher Akademischer Austauschdienst
Kennedyallee 50
D-53175 Bonn
Internet: *http://www.daad.de*

Eine zentrale Anlaufstelle für deutsche und ausländische Studierende, die organisatorische Beratung und Betreuung am jeweiligen Hochschulstandort suchen, ist das Akademische Auslandsamt. Hier erhält man alle Informationen zu Studienaufenthalten, Stipendien und Praktika im Ausland, Zulassungsbedingungen an ausländischen Hochschulen, Modalitäten des Bewerbungsverfahrens etc. In Zusammenarbeit mit einzelnen Fachbereichen werden u. U. auch Austauschprogramme, Studienfahrten und Seminare durchgeführt.

6.2.3 Ferienjobs und Arbeit im Ausland

Eine weitere Möglichkeit, ausländische Verhältnisse zu erkunden, stellen neben den eben genannten auch zeitlich begrenzte Arbeitsaufenthalte, z. B. Ferienjobs dar. Hier hilft in erster Linie die Zentralstelle für Arbeitsvermittlung (ZAV) der Bundesanstalt für Arbeit in Frankfurt/Main weiter.

Zentralstelle für Arbeitsvermittlung der Bundesanstalt für Arbeit
- Internationale Arbeitsvermittlung -
Villemombler Straße 76
D-53123 Bonn
Internet: *http://aaonline.dkf.de*

oder:

Zentralstelle für Arbeitsvermittlung (ZAV)
- Abt. Ausland -
Feuerbachstr. 42-46
60325 Farnkfurt/Main
Tel.: 069/7111-1
Internet: *http://www.arbaitsamt.de*

7. Berufliche Möglichkeiten

Hinsichtlich der beruflichen Möglichkeiten zeigt sich der Geograph geradezu als die »eierlegende Wollmilchsau«, als das Mädchen für alles. Ihm scheinen, bedingt durch seine weitgefächerte Ausbildung, eine Vielzahl von beruflichen Aufgaben- und Tätigkeitsfeldern offen zu stehen. Daraus ergibt sich die Tatsache, dass es *den* Geographen als fest umrissenes Berufsbild eigentlich nicht gibt. Aufgrund der Unschärfe seines Profils steht dem Absolventen nicht ein einziger großer Markt (»*der* Markt für Geographen«) zur Verfügung, sondern vielmehr eine große Anzahl von kleineren Teilmärkten, die allerdings auch von anderen Disziplinen okkupiert werden.

Als mittlerweile »klassische« Arbeitsbereiche können, nach Angaben des *Deutschen Verbandes für Angewandte Geographie e.V.* (DVAG), 1996, die nachfolgenden angesehen werden, die hier aber aus praktischen Gründen vereinfacht und auf die wesentlichen Berufsfelder reduziert wurden.

1. Räumliche Planung

- Stadt-, Regional-, Landesplanung, Fachplanungen (z. B. Soziales, Verkehr)
- Stadt- und Regionalforschung
- Wirtschafts- und Strukturpolitik, Arbeitsmarktforschung, Wirtschaftsförderung, Ver- und Entsorgung
- Verkehrs- und Mobilitätsforschung, Verkehrsplanung und -politik, Fremdenverkehr, Telekommunikation
- Markt- und Standortanalysen, Immobilienwirtschaft, Wohnungswirtschaft und -politik, Projektentwicklung und -management (z. B. Einzelhandel)

2. Umwelt und Landschaft

- Umwelt- und Landschaftsplanung, Natur- und Umweltschutz, Umweltverträglichkeitsprüfung (UVP), Entwicklungshilfe
- Altlastensanierung, Biotopkartierung
- Geoökologie, Geotechnik, Ökosystemforschung, Ökomanagement, Umweltwirtschaft

- Bodenkunde, Klimaforschung und -politik, Hydrologie

3. Information und Dokumentation
- Presse- und Öffentlichkeitsarbeit, Medien/Multimedia
- Verlagswesen
- Statistik
- Marktforschung, Informationsdienste
- Fernerkundung, Luftbildinterpretation, Kartographie, Computerkartographie
- Geographische Informationssysteme (GIS), Geoinformatik

4. Hochschule und außeruniversitäre Forschungseinrichtungen
- Forschung (z. B. Auftrags-und Drittmittelforschung), Lehre
- Wissenschafts- und Technologietransfer-Stellen

5. Schule
- Lehrer für das Fach Erdkunde

Es ist wichtig festzuhalten, dass heutige Absolventen eines Hochschulstudienganges ein beträchtliches Maß an Flexibilität und Lernbereitschaft für einen sich ständig verändernden Arbeitsmarkt mitbringen müssen. Neue Probleme und gesellschaftliche Aufgaben erfordern rege und mobile »Geister«, die sich modifizierten Gegebenheiten und Berufsfeldern anpassen können.

Ferner darf auch nicht verschwiegen werden: Nicht alle Tätigkeiten oder Arbeitgeber gewähren einen konkreten Bezug zum studierten Fach. Viele Stellen tangieren oft nur noch das einst Gelernte!

Folgende Institutionen beschäftigen Geographen (weitgehend nach Angaben des *Deutschen Verbandes für Angewandte Geographie e.V. (DVAG)*, 1996:

- Behörden, planende Verwaltung, nachgeordnete Forschungseinrichtungen, Landesanstalten, Landesentwicklungsgesellschaften
- Private Forschungseinrichtungen

B. 7. Berufliche Möglichkeiten

- Private Planungsbüros, Consulting-Büros, Ingenieurbüros, Software-Entwicklungsbüros, Labors
- Wirtschaftsförderungsgesellschaften, Industrie- und Handelskammern, Technologiezentren und Tranferstellen
- Wirtschaftsunternehmen (im Prinzip aller Branchen)
- Kommunale Infrastrukturunternehmen (Stadtwerke, Ver- und Entsorgungsunternehmen, Verkehrsbetriebe etc.)
- Organisationen, Stiftungen, Kammern, Verbände, Parteien, Gewerkschaften
- Private und öffentliche Bildungseinrichtungen

Auch muss angemerkt werden, dass diese Liste nur die wesentlichen, keinesfalls alle in Betracht kommenden Arbeitgeber benennt.

Die Aufzählung verdeutlicht, dass Geographen nicht nur im öffentlichen Dienst »ihre Brötchen verdienen«, sondern vor allem auch in der privaten Wirtschaft. Dieser Bereich hat in den letzten Jahren stark an Bedeutung gewonnen und wird dies aller Voraussicht nach auch weiterhin tun. Vor allem im Hinblick auf Beratung, räumliche Planung und Projektmanagement wird vieles in privaten Consulting- und Ingenieurbüros erledigt. Eine Zunahme von Beratungsbedarf und eine Verlagerung einstiger Aufgaben des öffentlichen Dienstes in den privaten »Geschäftsbereich« lassen hier Arbeitsplätze entstehen.

Ferner spielen die Informations- und Kommunikationsbranche sowie neue Technologien eine große Rolle.

Abschließend ein Wort zur interdisziplinären Arbeit: Geographen sind nur in seltenen Fällen ausschließlich mit ihresgleichen zusammen. Wesentlich häufiger sind Arbeitsteams mit Vertretern anderer Disziplinen (z. B. Ingenieuren, Soziologen, Juristen) anzutreffen, was selbstverständlich sehr bereichernd sein kann, aber auch einen gewissen Konkurrenzdruck auf die Geographen ausübt. Da die heute anstehenden gesellschaftlichen Aufgaben aber meist nur in interdisziplinären Teams erfolgversprechend angegangen werden können, gilt es, sich als Geograph seine Nische zu suchen und entsprechend seinen persönlichen Beitrag in Form von Leistung zu erbringen.

Das nötige Quäntchen Glück, das jeder dabei einmal benötigt, sei am Ende dieses Buches und zu Anfang eines neuen Jahrtausends allen Lesern und künftigen Absolventen der Geographie auf das Herzlichste gewünscht!

Index

A
Abitur 93
Agglomeration 23
Agrargeographie 29, 31
Akademisches Auslandsamt 136
Allgemeine Geographie 16, 18
Allgemeine Hochschulreife 93
Angewandte Geographie 18, 84
Anökumene 22
Anthropogeographie 16, 17, 18, 19, 93, 106, 111
Arbeitsgruppe 119
Archäologie 18, 25, 68
AStA 114, 123

B
Bachelor 90, 95, 101
BAföG 126, 129
Begabtenförderungswerk 126
Beurlaubung 114
Bevölkerungsgeographie 20
Bibliographieren 116
Biologie 9, 18, 45, 61
Blockveranstaltung 108
Blüthgen, J. 47
Bodengeographie 54
Bodenkunde 45, 48

C
Chemie 9
Christaller, W. 39
Club of Rome 40
Computerkartographie 63, 64
Credit Points 102

D
DAAD 136
Demographie 20
Didaktik 18, 82, 106
Diplom 90, 95, 99, 111
Dissertation 103
Doktorvater 103
DVAG 138

E
Einschreibung 11
Erdmessungen 16
Ethnologie 18
Exkursion 81, 91, 108
Exkursionsseminar 105
Exmatrikulation 114

F
Fachbereich 122
Fachbereichsrat 123
Fachhochschulreife 93
Fachschaft 104, 122
Fernerkundung 67
Fernleihe 116
Förderungshöchstdauer 115

G
Geisteswissenschaften 10, 15, 93
Geländearbeit 71
Geochemie 18, 45
Geodäsie 18, 69
Geographie der Freizeit und des Tourismus 42
Geographie des tertiären Sektors 23, 29, 37
Geographische Gesellschaften 16

Geographische Informationssysteme (GIS) 24, 35, 42, 61, 65, 66, 79, 92
Geohydrologie 52
Geologie 18, 45, 48, 68
Geomorphologie 17, 48
Geoökologie 60
Geophysik 18, 45
Geostatistik 69
Geschichte 18
Glaziologie 52
GPS (Global Positioning System) 72
Grundstudium 97, 98, 99, 106

H
Habilitation 104
Habitat 59
Hann, J. v. 47
Hauptstudium 98, 106, 135
Hausarbeit 102
Hettner, A. 79, 80
Hilfskraft 130
Himmelskörper 16
Historische Geographie 33
Hochschulsport 125
Humangeographie 19
Humboldt, A. v. 16
Hydrogeographie 51
Hydrologie 52

I
idiographischer Ansatz 16
Immatrikulation 113
Immissionsklimatologie 48
Industriegeographie 29, 35

K
Karte
    thematische 65
    topographische 65
Kartographie 16, 63
Klausur 102, 120
Klimageographie 46
Klimatologie 46
Kolloquium 104, 107
Kulturgeographie 19

L
Laborarbeit 73
Länderkunde 79
Landespflege 18
Landschaft 17
Landschaftsökologie 60, 62
Landschaftsplanung 68
Lehramt 95, 96
Limnologie 52
Lithosphäre 54

M
Magister Artium 90, 95, 97, 111
Magisterarbeit 99
Makroklima 46
Master 90, 95, 101
Mathematik 9
Mathematische Geographie 16
Mensch-Umwelt-Beziehung 10
Mesoklima 46
Meteorologie 18, 45, 47
Migration 21
Mikrogeographische Betrachtung 28
Mikroklima 46, 58
Mineralogie 18, 45
Monitoring 21, 57, 76

N
Naturdeterminismus 24, 32
Naturphänomene 16
Naturwissenschaften 10, 15, 93
nomothetischer Ansatz 16
Numerus clausus 93

O

Ökologie 17
ökologische Nische 59
Ökumene 22
Ozeanographie 68

P

Paläogeographie 60
Paläoklimatologie 48
Passarge, S. 17
Penck, A. 17
Phänologie 46
Photogrammetrie 18, 67
Physische Geographie 18, 19, 20, 45, 57, 61, 71, 74, 92, 93, 106, 111
Praktikum 89, 91, 108
Professor 11
Projektseminar 81, 100, 106
Promotion 102, 103
Proseminar 106
Protokoll 102
Prüfungsordnung 98, 109

R

Ratzel, F. 16
Raumplanung 18, 20
Raumtyp 74
Raumwissenschaft 17
Referat 102, 118
Referendariat 84, 97
Regelstudienzeit 99, 115
Regionale Geographie 16, 18, 79, 106
Repetitorium 107
Richthofen, F. v. 17
Ritter, C. 16
Rückmeldung 114, 124

S

SAS (Statistik-Analyse-System) 71
Schein 109
Schlüter, O. 17
Seminar 90, 105
Seminararbeit 100, 117
Semiökumene 22
Senat 123
Siedlungsgeographie 22
Siedlungstyp 23
Signatur 65
Sozialwissenschaften 10, 15, 93
Soziologie 18, 20
Spethmann, H. 80
SPSS (Statistical Package for the Social Sciences) 71
Staatsexamen 84, 97, 111
Städtesystemforschung 26
Stadtgeographie 23, 24
    analytische 26
    kulturgenetische 26
Stadtklimatologie 25
Stadtplanung 18
Standortlehre 36
Statistik 22, 35, 42, 70
    deskriptive 70
    schließende 70
Stipendium 126
Studentenwerk 114, 124, 126
Studentenwohnheim 124
Studentische Hochschulgemeinde 124
Studienberatung 121
Studienbuch 105, 113
Studienhöchstdauer 115
Studienordnung 106, 109, 134
Studierendenausweis 113
Studierendenparlament 123
Studierendensekretariat 113, 123

T

Terra incognita 15
Tertiärisierung 38

Theorie der zentralen Orte 39
Tiergeographie 57
Troll, C. 62
Tutorium 107

U
Übung 100, 107

V
Vegetationsgeographie 55
Verkehrsgeographie 29, 40
Vermessungen 15
Vordiplom 106
Vorlesung 90, 101
Vorlesungsskript 104
Vorlesungsverzeichnis 92

W
Wegener, A. 60
Wirtschaftsgeographie 27
Wirtschaftssektor
    primärer 28
    quartärer 28
    sekundärer 28, 35
    tertiärer 28
Wirtschaftswissenschaftler 9

Z
Zentralitätsforschung 39
Zulassungsbeschränkung 93
Zweiter Bildungsweg 93
Zwischenprüfung 97, 98